Inhaltsverzeichnis

Vorwort **2**

Vorbemerkungen und Arbeitshinweise **3**

Bildungsbereiche

- Sprachliche Bildung 6
- Musikalische Bildung 12
- Ästhetische Erziehung 14
- Umwelt-, Sach- und Naturbegegnung 21
- Gesundheit und Ernährung 25
- Mathematische Bildung 27
- Feste und Feiern 32
- Wahrnehmung und Entspannung 40
- Körpererfahrung und Bewegung 45
- Sozialerfahrungen 47

Vorwort

Liebe Kolleg*innen,

der Traum vom Fliegen ist wahrscheinlich so alt wie die Menschheit selbst. Da ist es nicht verwunderlich, dass das Thema auf Kinder eine starke Faszination ausübt. Flugzeuge, die am Himmel ihre Streifen ziehen. Hubschrauber, deren Propeller durch die Luft kreisen. Segelflieger, die lautlos durch die Lüfte gleiten. All diese Luftfahrzeuge werden mit leuchtenden Augen beobachtet.

Auf spielerische Weise lernen die Kinder diese verschiedenen Luftfahrzeuge kennen. Bei spannenden Experimenten erfahren sie etwas über die Flugfähigkeit und den Antrieb. Denn welches Kind (oder auch Erwachsener) hat sich noch nie die Frage gestellt: „Wie kann etwas so Großes überhaupt fliegen?" In dieser Projektmappe wird dieser schwierigen Frage, zumindest in Ansätzen, kindgerecht nachgegangen. Dabei lernen die Kinder den Bernoulli-Effekt sowie den Coanda-Effekt kennen. Sie erfahren, wie der statische Auftrieb, zum Beispiel beim Heißluftballon, funktioniert und können ihren eigenen (kleinen) „Raketenantrieb" nachbauen.

Die spannende Geschichte über die Entstehung der Luftfahrt wird mit kleinen Erzählungen anschaulich nähergebracht. Bei einem Fliegerfest dreht sich schließlich alles um die unterschiedlichen Flugzeuge und wie die Menschen es geschafft haben, ihren Traum vom Fliegen Wirklichkeit werden zu lassen.
Beim Basteln und Falten von eigenen Fliegern wird deutlich, wie viele unterschiedliche Formen es gibt und dass sie alle verschiedene Flugeigenschaften haben. Natürlich werden diese Flugeigenschaften auch ausgetestet.

Die Kinder lernen ebenso den Flughafen kennen. Hier gibt es viel zu entdecken. Welche Menschen arbeiten auf dem Flughafen? Welche Berufe gibt es? Was passiert mit dem Gepäck? Wie schaffen es die Piloten, die großen Maschinen so zu lenken, dass sie nicht zusammenstoßen?
Mit spannenden Angeboten zu allen Bildungsbereichen können Sie sich mit den Kindern auf eine Reise begeben, dieses faszinierende Thema zu erleben und den Fragen der Kinder auf den Grund gehen.

In diesem Sinne wünsche ich Ihnen und den Kindern eine spannende und entdeckungsreiche Zeit rund um das Thema „Flugzeuge und Flughafen"!

Jenny Hütter

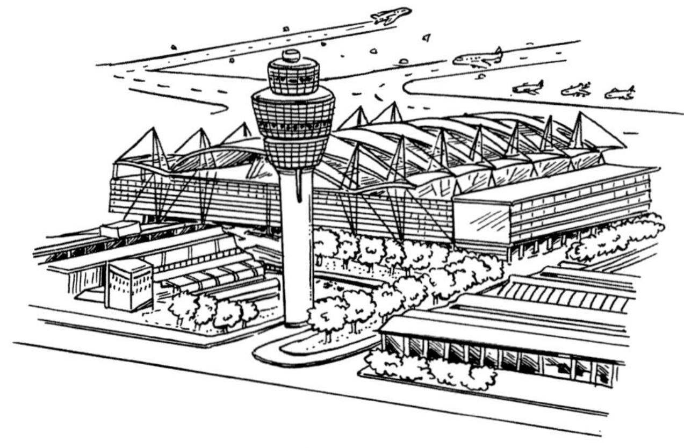

Hinweis: Liebe Fachkraft, wir möchten in unseren Materialien niemanden benachteiligen oder diskriminieren. Daher nutzen wir unter anderem das Gendersternchen, um alle Geschlechter anzusprechen. Im Folgenden verzichten wir jedoch aus Gründen der besseren Lesbarkeit darauf und nutzen weiterhin entweder die „neutrale" Form oder Doppelformen. Selbstverständlich sind stets alle Geschlechter gemeint.

Vorbemerkungen und Arbeitshinweise

Zu den verwendeten Symbolen

Bildungsbereiche (jeweils das äußerste Symbol oben rechts auf den Arbeitsblättern):

 Sprachliche Bildung

 Musikalische Bildung

 Ästhetische Erziehung

 Umwelt-, Sach- und Naturbegegnung

 Gesundheit und Ernährung

Mathematische Bildung

 Feste und Feiern

 Wahrnehmung und Entspannung

 Körpererfahrung und Bewegung

 Sozialerfahrungen

Sonstige Symbole:

 geeignet für die Begabtenförderung

 für unter 3-Jährige geeignet

Layout:

- Die Seiten mit **dem Flugzeug** im Layout unten rechts sind für die Erzieher*innen gedacht.

- Die Seiten mit **dem Heißluftballon** unten rechts sind Arbeitsblätter, die direkt mit den Kindern bearbeitet werden können.

Allgemeine Hinweise zur Organisation und Durchführung

Zum Umgang mit den Arbeitsblättern

Bevor die Kinder die Arbeitsblätter bearbeiten, ist es sinnvoll, die Aufgabenstellung mit den Kindern zu besprechen. Hierfür eignen sich auch kleinere Gruppen. Für die Aufbewahrung der Arbeitsblätter gibt es verschiedene Möglichkeiten:

- Ablagefächer (alternativ unifarben gestaltete Deckel von Kopierkartons): Die Kinder haben so freien Zugriff auf die darin sortierten Arbeitsblätter und können ihre Aufgaben selbst auswählen.
- Jedes Kind verfügt über einen Schnellhefter, in den Sie regelmäßig nach Alter und Entwicklungsstand ausgewählte Arbeitsblätter (z. B. zwei Arbeitsblätter pro Woche) einheften oder gemeinsam mit dem Kind aussuchen. Die Kinder wählen den Zeitpunkt der Bearbeitung entweder frei oder es gibt festgelegte Zeiten, innerhalb derer ein Kind seine Arbeitsblätter bearbeiten kann.
- Die fertiggestellten Arbeitsblätter werden im Schnellhefter oder in einer Sammelmappe / einem Sammelordner abgeheftet bzw. gehören als Anlage zur Bildungsdokumentation oder zum Portfolio.
- Es empfiehlt sich, außerdem einen Schuhkarton für andere gefertigte Objekte anzulegen.

Warum kann ein Flugzeug überhaupt fliegen?

Die Frage, warum etwas so Schweres wie ein Flugzeug überhaupt fliegen kann, lässt sich nicht leicht beantworten und ist für Kindergartenkinder (und auch Erwachsene) nicht leicht zu verstehen. Verschiedene physikalische Gesetze spielen hierbei eine Rolle, unter anderem der sogenannte Bernoulli-Effekt und der Coanda-Effekt. Diese beiden Effekte werden in den Experimenten „Das fliegende Blatt – Experiment zum Bernoulli-Effekt" (s. S. 22), „Zauberhafte Getränkedose – Experiment zum Bernoulli-Effekt" (s. S. 23) und „Die Kerze – Experiment zum Coanda-Effekt" (s. S. 23) für die Kinder anschaulich erklärt. Bei beiden Effekten ist es wichtig, den Aufbau des Flugzeuges vorher zu thematisieren, vor allem die Tragflächen, die in diesen Experimenten eine entscheidende Rolle spielen.

Bernoulli-Effekt:

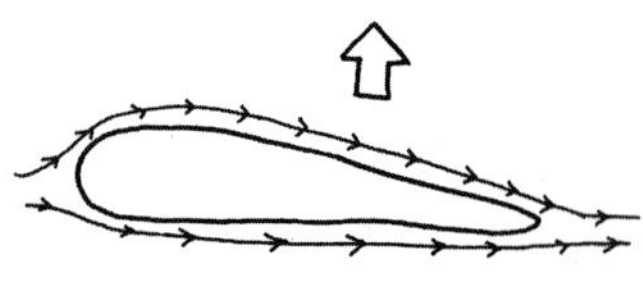

Wenn man sich die Flugzeugtragflächen von der Seite ansieht, so fällt auf, dass diese eine gewölbte Oberfläche und eine gerade Unterseite haben. Bei Vögeln lässt sich dieser Aufbau der Flügel auch erkennen.
Wenn der Luftstrom nun von der Seite auf die Tragfläche trifft, so teilt sich dieser. Ein Teil geht über die Tragfläche hinweg und der andere Teil des Luftstroms strömt unter der Tragfläche hindurch. Durch die Wölbung strömt die Luft aber schneller über die Tragfläche hinweg als unter sie hindurch. Denn unten „staut" sich die Luft, sie strömt langsamer. Dadurch entsteht über der Tragfläche ein Unterdruck, gleichzeitig entsteht unter der Tragfläche ein Überdruck. Dieser Druckunterschied sorgt dafür, dass das Flugzeug wie in einem Sog nach oben gezogen wird. Dieses Prinzip funktioniert aber nur im bewegten Zustand (= dynamischer Auftrieb). In unserem Experiment (s. S. 22) ist es die gepustete Luft, beim Flugzeug sorgen die Triebwerke (Turbinen) für die nötige Schubkraft nach vorne.

Coanda-Effekt:

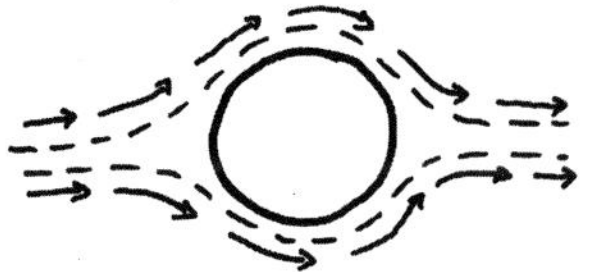

Beim Coanda-Effekt geht es ebenfalls um die gewölbte Tragfläche bzw. in unserem Experiment (s. S. 23) um die gewölbte Flasche. Der Luftstrom trifft auf die (runde) Flasche und teilt sich. Ein Teil der Luft geht rechts, der andere Teil links vorbei. Der Luftstrom folgt aber dem Verlauf der Flasche, das heißt er folgt der Rundung, sodass beide Luftströme wieder aufeinandertreffen und die Kerze auspusten. Übertragen auf unser Flugzeug heißt es, dass der obere Luftstrom der Wölbung folgt. Er wird nach oben und im Verlauf der Wölbung dann wieder nach unten gelenkt. Dort trifft er auf den unteren Luftstrom, der der geraden Linie folgt. Wenn die beiden Luftströme aufeinandertreffen, sind sie direkt unterhalb der Tragfläche und „drücken" das Flugzeug nach oben.

Natürlich sind diese beiden Effekte nicht der einzige Grund, warum Flugzeuge fliegen können. Aber sie sind die wichtigsten und für die Kinder verständlichsten Gesetzmäßigkeiten.

Weiterführende Medien:

- *www.flightradar24.com*
  Hier kann man auf einer Karte die Flugzeuge und die Flugbahnen sehen, die sich gerade in der Luft befinden. Schaut doch einmal nach, wie viele Flugzeuge sich gerade über eurer Stadt befinden und vergleicht es mit einer Stadt, in der sich ein oder kein Flughafen befindet.
  Interessant ist es auch, die Flugzeuge einmal anzuklicken, es öffnet sich ein Fenster mit genaueren Angaben (z. B. wo es gestartet ist und wo es hinfliegt, man sieht auch ein Bild des Flugzeuges).
- *https://youtu.be/KsWQQNHJlss*
  Hier gibt es spannende Fakten über Flugzeuge und warum sie überhaupt fliegen können.
- *https://kinder.wdr.de/tv/die-sendung-mit-der-maus/av/video-sachgeschichte---warum-fliegt-ein-flugzeug-100.html*

Tipps und Anregungen zu den einzelnen Angeboten

Zu „Ich packe meinen Koffer“, S. 6:
Reichen die Bildkarten (s. S. 7) nicht aus, können die Kinder auch eigene Ideen ergänzen und ggf. als Erinnerungshilfen aufmalen. Außerdem können die Bildkarten mehrfach kopiert und in jeweils unterschiedlichen Farben angemalt werden, sodass die Kinder noch die passende Farbe nennen müssen (z. B. „das grüne T-Shirt“). So werden gleichzeitig noch die Farben geübt.

Zu „Der statische Auftrieb beim Heißluftballon“, S. 22:
Heiße Luft dehnt sich aus und steigt nach oben. In unserem Experiment erwärmt sich die Luft in der Flasche. Sie kann sich nur nach oben hin (durch die Öffnung) ausdehnen. Dadurch steigt die warme Luft in den Luftballon und kann sich hier weiter ausdehnen. Der Luftballon richtet sich auf und „pustet“ sich ein wenig auf.
Dies ist auch das Prinzip eines Heißluftballons. Unter dem Ballon hängt ein Gasbrenner. Zuerst wird mit einem Ventilator Luft in den Ballon gepustet, bis dieser sich aufrichtet. Dann wird die Luft mit dem Gasbrenner erhitzt. Wenn genügend heiße Luft im Ballon ist, beginnt der Ballon zu steigen (Auftrieb). Das funktioniert, weil heiße Luft leichter ist als kalte Luft. Wenn keine neue heiße Luft in den Heißluftballon gepustet wird, kühlt die Luft ab und der Ballon beginnt zu sinken. Anders als bei Flugzeugen, die einen Antrieb haben, ist der Heißluftballon auf Winde angewiesen. Diese treiben den Ballon an und geben ihm die entsprechende Richtung. Deshalb kann eine Ballonfahrt auch nur bei gutem Wetter bzw. Windbedingungen stattfinden.

Zu „Der Raketenantrieb“, S. 24:
Das Prinzip dahinter ist das dritte Newtonsche Gesetz. Dieses besagt, dass es zu jeder Kraft, die sich auf einen Körper auswirkt, eine gleich große entgegengesetzte Kraft gibt.
Bei unserer Luftballonrakete heißt das: Die ausströmende Luft wirkt auf den Luftballon, indem sie ihn vorwärts „schiebt“. Der Luftballon wird mit der gleichen Kraft angeschoben, mit der die Luft nach hinten entweicht. Man nennt es auch das „Rückstoßprinzip“. Ist die Luft aufgebraucht und es strömt keine mehr aus dem Luftballon heraus, so hält die Luftballonrakete an.
Bei einer richtigen Rakete werden Verbrennungsgase mit hoher Geschwindigkeit ausgestoßen und katapultieren die Rakete in den Himmel. Dabei muss so viel Schub erzeugt werden, dass die Rakete die Erdanziehungskraft überwindet.

Zum Kapitel „Gesundheit und Ernährung“, S. 25 / 26:
Achten Sie auf eventuelle **Lebensmittelunverträglichkeiten** und **Allergien** der Kinder.
Beziehen Sie die Kinder so weit wie möglich in den Prozess mit ein. Sie wissen dabei am besten, welche Aufgaben Ihre Kinder bereits übernehmen können.

Zu „Tomatensaft“, S. 26:
Tomatensaft ist ein beliebtes und bekanntes Getränk bei Flügen. Das interessante ist, dass viele Menschen sagen, dass ihnen der Tomatensaft nur im Flugzeug, nicht aber zu Hause schmeckt.
Untersuchungen zu diesem Phänomen haben ergeben, dass der niedrigere Luftdruck und die trockenere Luft im Flugzeug für eine Veränderung des Geschmackempfindens verantwortlich sind. Salziges und Süßes wird weniger gut wahrgenommen. Dafür wird sauer und bitter stärker wahrgenommen.
In der Luft sorgt dies dafür, dass vielen Menschen der Tomatensaft fruchtiger erscheint und dementsprechend auch besser schmeckt.

Wir fliegen um die Welt – unsere Reisekarte (ab 4 Jahren)

Material:
Papier, 1 Schere, Zahnstocher, Kleber, Klebeknete, 1 Weltkarte oder 1 Globus

Vorbereitung:
Schneiden Sie aus dem Papier einige Rechtecke mit etwa den Maßen 4 cm x 6 cm aus. Diese werden wie eine Fahne an den Zahnstochern befestigt. Von der Klebeknete wird ein Stück abgetrennt und zu einer Kugel geformt. Die Knetkugel wird unten auf den Zahnstocher gesteckt.

Arbeitsanleitung:
Schauen Sie sich gemeinsam die Weltkarte oder der Globus an. Bespreche Sie mit den Kindern, wo Wasser und wo Land zu sehen ist. Fordern Sie die Kinder auf: „Markiert alle Länder, in denen einer von euch schon einmal gewesen ist, mit einer Fahne! Markiert nun alle Länder, in denen Verwandte oder Freunde von euch leben, mit einer Fahne!"

Mögliche Fragestellungen dazu könnten sein:
- „Wie heißt das Land, in dem wir gerade leben? Wo finden wir es auf der Weltkarte / dem Globus?"
- „Warst du schon einmal in einem anderen Land?"
- „Wie bist du dorthin gekommen?" (mit dem Auto, dem Flugzeug, dem Schiff ...)
- „In welche Länder gelangst du nur mit einem Schiff oder Flugzeug? Warum?"

Ich packe meinen Koffer (ab 4 Jahren)

Material:
Bildkarten „Reisegepäck" (s. S. 7), ggf. Buntstifte, 1 Schere

Vorbereitung:
Kopieren Sie die Bildkarten und malen Sie sie ggf. mit den Kindern zusammen an, bevor Sie sie ausschneiden.

Spielanleitung:
Die Kinder stehen oder sitzen im Kreis, die Bildkarten liegen in der Mitte. Beginnen Sie und nehmen Sie eine Bildkarte. Sagen Sie: „Ich packe meinen Koffer und nehme *(Gegenstand auf der Bildkarte)* mit." Dabei kann eine typische Bewegung zu dem Wort gemacht werden, zum Beispiel die Bewegung vom Zähneputzen zu der Zahnbürste. Das nächste Kind in der Reihe nimmt sich eine Bildkarte und sagt: „Ich packe meinen Koffer und nehme *(das vorherige Wort mit passender Bewegung)* und *(das neue Wort mit passender Bewegung)* mit." So geht es reihum. Die genommenen Bildkarten werden als Erinnerungshilfe hochgehalten. Je mehr Kinder an der Runde teilnehmen, desto schwieriger wird es. Die Bildkarten können dabei auch weggelassen werden, um den Schwierigkeitsgrad zu erhöhen. Natürlich kann man sich dann gegenseitig helfen, wenn man nicht mehr weiterweiß.

BVK • Jenny Hütter: Kita aktiv „Projektmappe Flughafen und Flugzeuge"

Bildkarten „Reisegepäck“

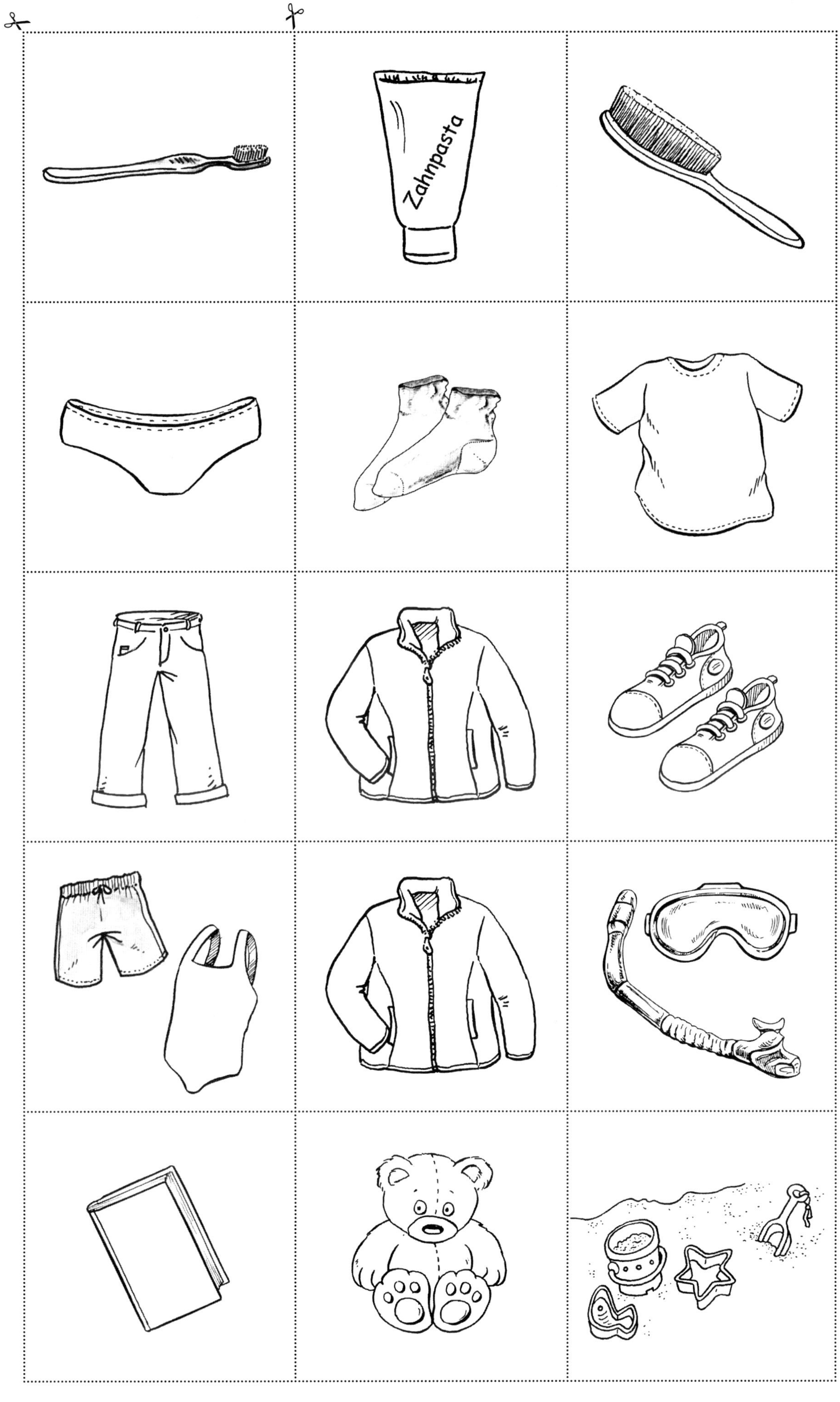

Zahnpasta

Alle Flugzeuge fliegen hoch (ab 3 Jahren)

Material:
/

Spielanleitung:
Alle Kinder sitzen um einen Tisch herum. Jeder trommelt mit den Zeigefingern auf die Tischkante.
Sie beginnen und sagen: „Alle … (z. B. Flugzeuge) fliegen hoch."
Heben Sie dabei beide Arme hoch in die Luft. Wenn die Kinder der Meinung sind, dass das Genannte tatsächlich fliegen kann, so nehmen sie die Arme ebenfalls hoch in die Luft. Handelt es sich aber um etwas, das nicht fliegen kann, so trommeln sie weiter mit den Zeigefingern auf der Tischkante.
Nun ist das nächste Kind an der Reihe.
Wer nimmt seine Arme hoch, obwohl das Tier / der Gegenstand nicht fliegen kann? Wer lässt seine Arme unten, obwohl das Tier / der Gegenstand fliegen kann?
Besonders lustig ist es, wenn das Spiel etwas schneller gespielt wird.

Das Flieger-Memo-Spiel (ab 4 Jahren)

Material:
Kopiervorlage „Memo-Karten" (s. S. 9), weißer Tonkarton, Bastelkleber, Buntstifte, 1 Schere, 1 Laminiergerät und -folie

Vorbereitung:
Die Memo-Karten werden zweimal kopiert und auf den Tonkarton geklebt. Wenn man möchte, können die Karten jetzt von den Kindern bunt angemalt werden. Anschließend werden die einzelnen Karten ausgeschnitten und laminiert.

Spielanleitung:
Gehen Sie mit den Kindern vorher durch, was auf den Memo-Karten zu sehen ist. Die Memo-Karten werden gut gemischt und verdeckt in der Tischmitte ausgebreitet. Ein Kind beginnt (das wird z. B. mit einem Abzählreim festgelegt) und dreht zwei Karten herum. Es benennt, was auf den Karten abgebildet ist. Ist es das gleiche Bild, so hat es ein Pärchen und darf die Karten behalten. Bei einem Pärchen darf das Kind ein zweites Mal Karten umdrehen. Ist es kein Pärchen, so werden die beiden Karten wieder verdeckt hingelegt und das nächste Kind ist an der Reihe.
Wenn keine Karten mehr auf dem Tisch liegen, zählt jeder seine Pärchen. Das Kind mit den meisten Pärchen gewinnt das Spiel.

BVK • Jenny Hütter: Kita aktiv „Projektmappe Flughafen und Flugzeuge"

Kopiervorlage „Memo-Karten"

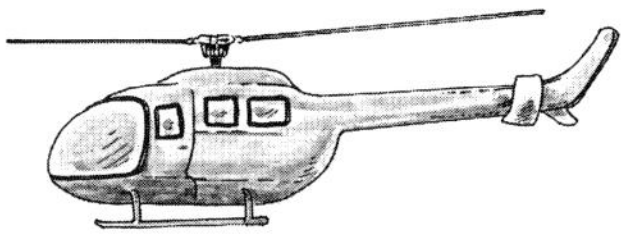

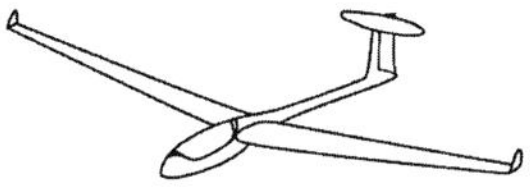

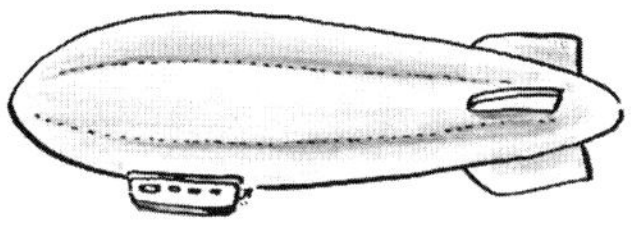

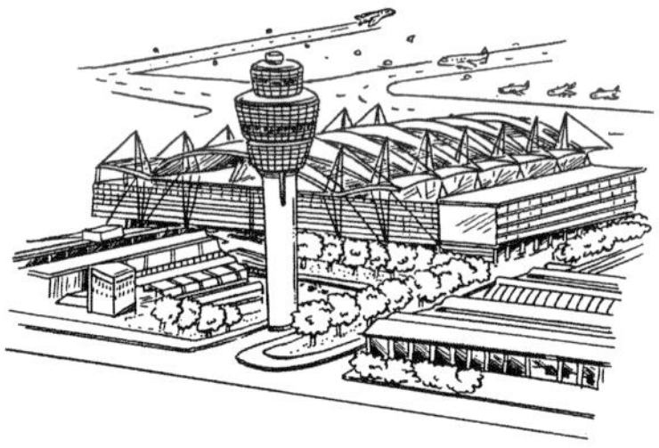

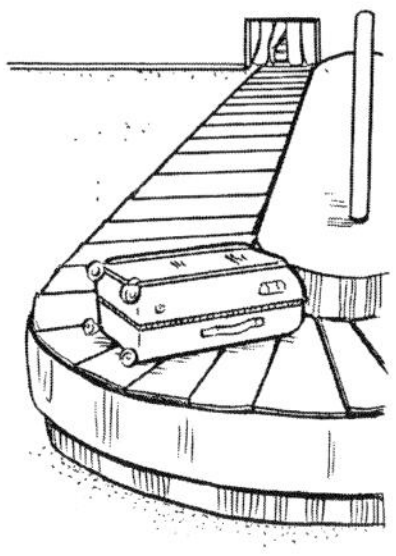

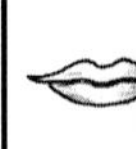

Berufe rund um den Flughafen (ab 4 Jahren)

Material:
Kopiervorlage „Berufe rund um den Flughafen“ (s. S. 11), 1 Schere, Buntstifte

Vorbereitung:
Die Vorlage wird kopiert und die einzelnen Bilder ausgeschnitten. Diese können mit den Buntstiften angemalt werden.

Spielanleitung:
Die Kinder sitzen im Kreis. Legen Sie die Bildkarten von der linken Spalte (Berufe) in der Mitte aus. Zeigen Sie den Kindern nacheinander jeweils eine Bildkarte von der rechten Spalte (Aufgaben der jeweiligen Berufe). Die Kinder dürfen benennen, welcher Beruf abgebildet ist. Dann darf jeweils ein Kind diese Bildkarte zu der passenden Karte in die Mitte legen und auch benennen, welche Aufgabe die jeweilige Berufsgruppe hat.
So können die Karten auch immer wieder als Gesprächsanlass im Kreis genutzt werden.

Weiterführende Idee:
Die Vorlage kann auch als Arbeitsblatt kopiert werden. Dafür werden die Bilder dann nicht ausgeschnitten. Die Kinder haben die Aufgabe, mit einem Stift den jeweiligen Beruf mit der passenden Aufgabe zu verbinden oder sie in der gleichen Farbe anzumalen.

Kopiervorlage „Berufe rund um den Flughafen“

 Die Pilotin … / Der Co-Pilot …	 weist dem Flugzeug auf der Rollbahn den Weg.
 Der Marshaller …	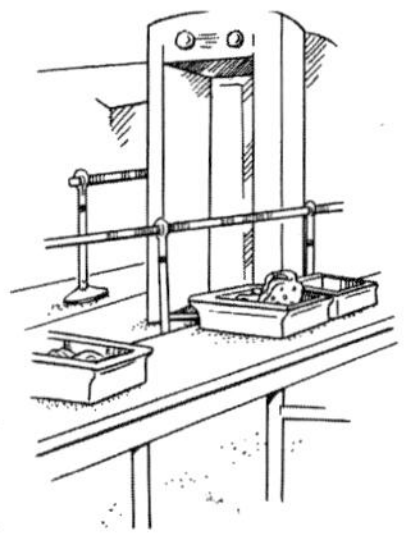 kontrollieren das Gepäck der Passagiere.
 Die Flugbegleiter …	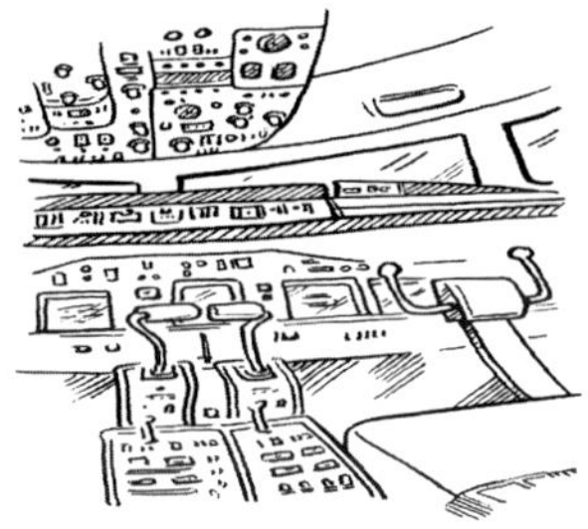 steuert das Flugzeug. / hilft beim Steuern.
 Die Zollbeamten …	 hilft bei Notfällen.
 Die Feuerwehr …	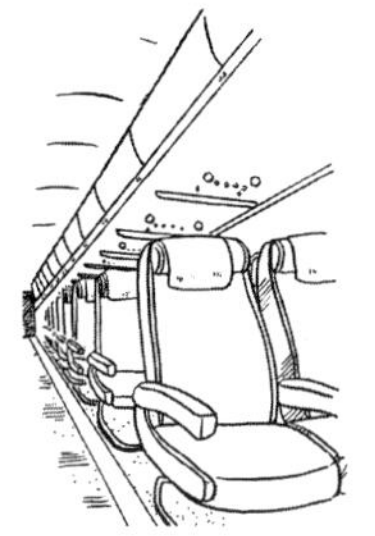 … kümmern sich um die Passagiere.
 Die Fluglotsen …	 sagen den Flugzeugen, wo und wann sie fliegen sollen.

Ich flieg mit meinem Flugzeug (ab 2 Jahren)

Melodie: traditionell nach „In meinem kleinen Apfel“
Text: Jenny Hütter

Liedtext	**Bewegungsmöglichkeit**
Ich flieg mit meinem Flugzeug	*Die Kinder breiten ihre Arme aus und „fliegen“ am Platz.*
und schau hinab aufs Land.	*Die Kinder legen ihre Hand über die Augen.*
Da unten stehen Leute	*Die Kinder zeige nach unten.*
und winken mit der Hand.	*Die Kinder winken.*
Jetzt flieg ich eine Schleife,	*Die Kinder formen mit ihren ausgebreiteten Armen eine Acht.*
ihr Leute sollt mal seh‘n.	*Die Kinder „fliegen“ am Platz.*
Ich kann mich ganz im Kreis herum mit meinem Flugzeug dreh‘n.	*Die Kinder drehen sich im Kreis.*
Jetzt flieg ich langsam runter, mein Ziel soll (z. B. Bochum) sein.	*Die Kinder gehen mit ausgebreiteten Armen langsam in die Hocke.*
Da hab ich ein paar Freunde	*Die Kinder stellen sich zu zweit zusammen.*
und bin nicht mehr allein.	*Die Kinder tanzen zu zweit im Kreis.*

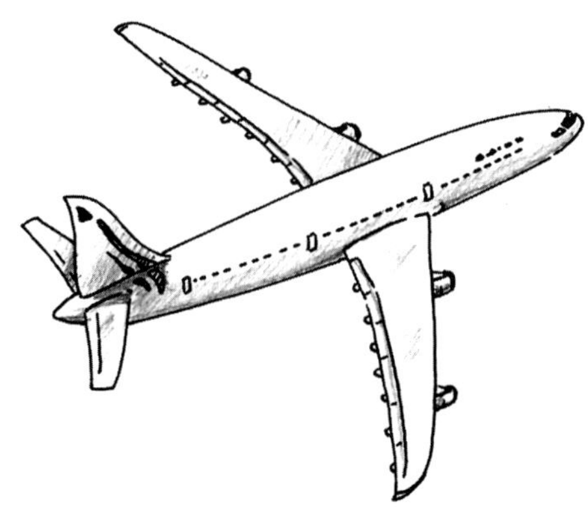

Mein Flugzeug fliegt herum (ab 2 Jahren)

Melodie: traditionell nach „Ein Auto fährt tut tut“
Text: Jenny Hütter

Liedtext	Bewegungsmöglichkeit
Refrain: Mein Flugzeug fliegt herum, mein Flugzeug fliegt herum, mein Flugzeug fliegt, mein Flugzeug fliegt, mein Flugzeug fliegt herum.	*Die Kinder fliegen mit ausgebreiteten Armen durch den Raum.*
Die Triebwerke gehen an, dann rollt es die Startbahn lang. Mein Flugzeug fliegt, mein Flugzeug fliegt, mein Flugzeug fliegt herum.	*Die Kinder beugen sich hinunter und laufen langsam.* *Die Kinder fliegen mit ausgebreiteten Armen durch den Raum.*
Refrain	*Die Kinder fliegen mit ausgebreiteten Armen durch den Raum.*
Mein Flugzeug steigt hoch empor, fliegt dort hoch am Himmelstor. Mein Flugzeug fliegt, mein Flugzeug fliegt, mein Flugzeug fliegt herum.	*Die Kinder starten gebeugt und kommen beim Laufen hoch. Sie zeigen nach oben.* *Die Kinder fliegen mit ausgebreiteten Armen durch den Raum.*
Refrain	*Die Kinder fliegen mit ausgebreiteten Armen durch den Raum.*
Schon naht die Landebahn, der Fluglotse winkt uns heran, mein Flugzeug fliegt, mein Flugzeug fliegt, mein Flugzeug fliegt herum.	*Die Kinder beugen sich beim Fliegen immer weiter vor und machen sich kleiner.* *Die Kinder fliegen mit ausgebreiteten Armen durch den Raum.*
Refrain	*Die Kinder fliegen mit ausgebreiteten Armen durch den Raum.*
Die Reise ist nun vorbei mein Flugzeug steht still allein, es fliegt nicht mehr, es fliegt nicht mehr, es steht ganz still und schwer.	*Die Kinder setzen sich hin.* *Die Kinder werden beim Singen immer leiser.*

Flinker Flieger (ab 4 Jahren)

Material:
1 Blatt Papier (DIN A4) pro Flieger, evtl. Buntstifte

Arbeitsanleitung:
Das Blatt Papier kann nach Belieben bunt bemalt werden.

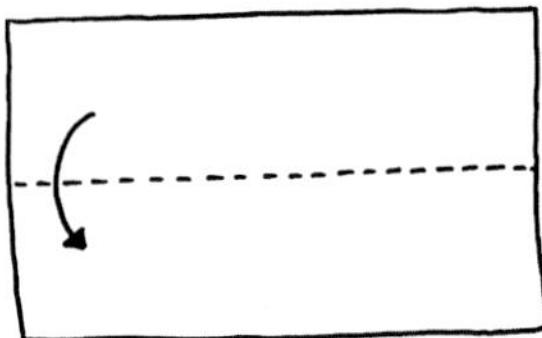

1. Das Papier an der langen Seite einmal in der Mitte falten.

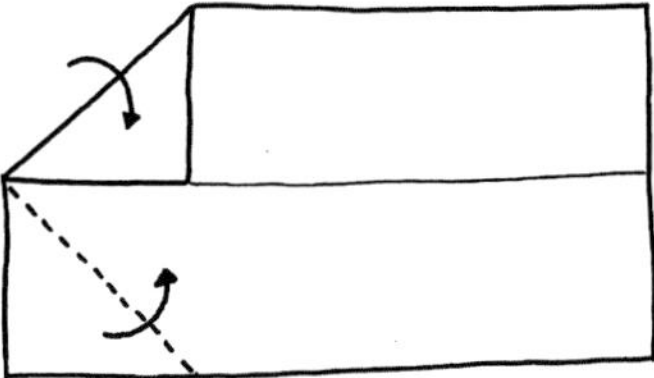

2. Die beiden Ecken an der kurzen Seite auf die Mittellinie falten.

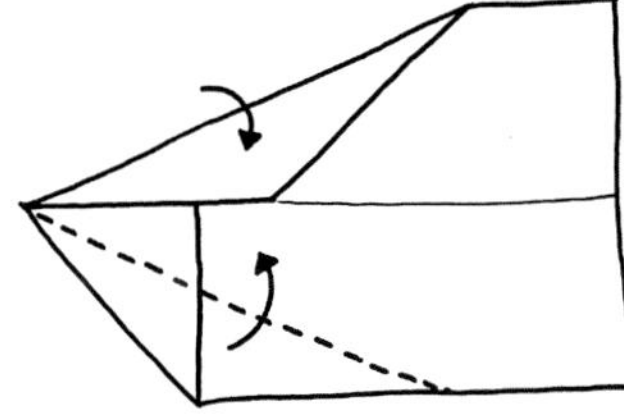

3. Die neu entstandenen Ecken noch einmal zur Mittellinie falten.

4. Den Flieger der Länge nach falten, sodass die beiden Hälften aufeinanderliegen.

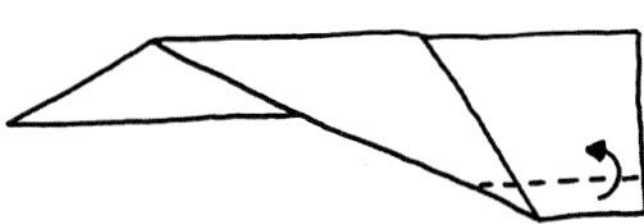

5. Die Flügel an der gestrichelten Linie (etwa 1,5 cm über der unteren Kante) nach unten falten.

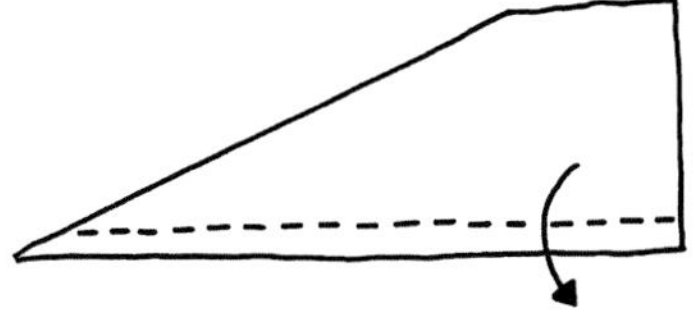

6. Die unteren Flügelkanten an der gestrichelten Linie (etwa 2 cm davon) nach oben falten.

7. Nun die beiden Flügel so aufstellen, dass sie eine gerade Fläche bilden. Die beiden Seitenkanten am Flügel ebenfalls nach oben aufstellen.

Hinweis:
Den Flieger an der Spitze fassen und ihn mit Schwung nach vorne und leicht nach oben werfen. Dieser Flieger fliegt besonders schnell und weit.

Looping Louie (ab 4 Jahren)

Material:
1 Blatt Papier (DIN A4) pro Flieger, evtl. Buntstifte, 1 Schere

Arbeitsanleitung:
Das Blatt Papier kann nach Belieben bunt bemalt werden.

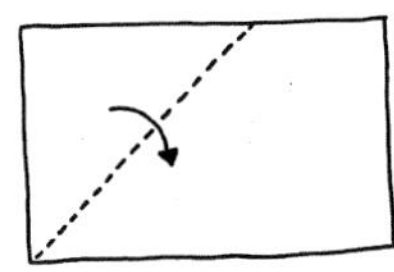

1. Die obere linke Ecke so nach unten falten, dass unten links eine Spitze entsteht.

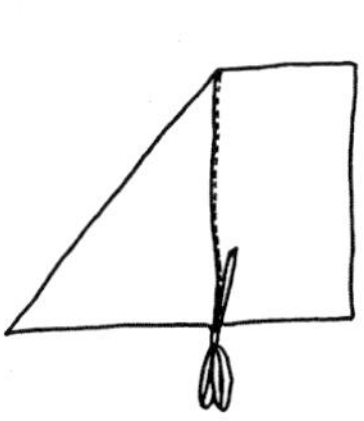

2. Das zusammengeklappte Dreieck bleibt bestehen, den überstehenden Rest mit der Schere abschneiden. Es entsteht ein Quadrat.

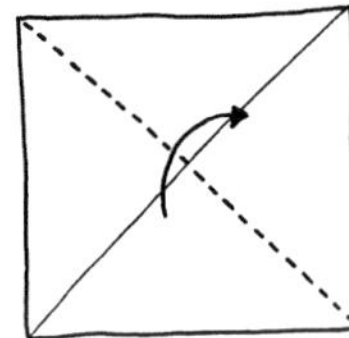

3. Das Dreieck nun aufklappen und die anderen beiden Ecken aufeinanderfalten.

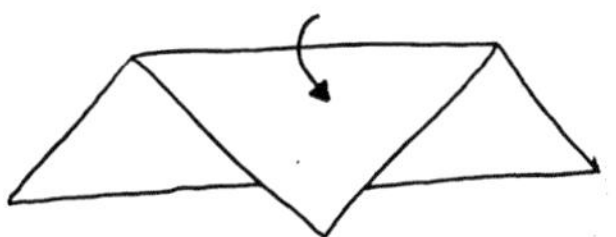

4. Die Spitze des Dreiecks nach unten knicken, sodass die Spitze über die Kante hinausragt.

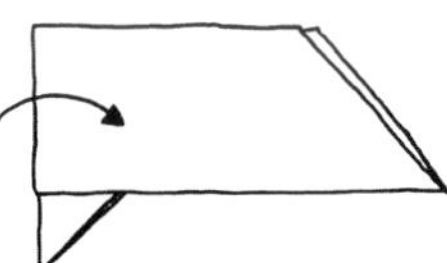

5. Die linke Seite auf die rechte Seite falten.

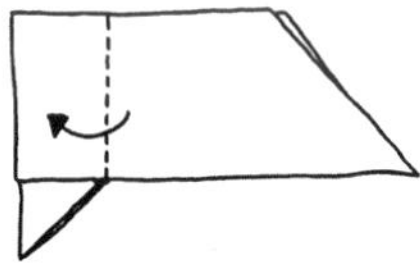

6. Den oberen Flügel entlang der gestrichelten Linie von rechts nach links falten.

7. Den Flieger einmal herumdrehen und mit dem anderen Flügel genauso verfahren.

8. Den Flieger an der Spitze fassen und die beiden Flügel so aufstellen, dass sie eine gerade Fläche bilden.

Hinweis:
Den Flieger an der Spitze fassen und mit etwas Schwung nach oben werfen.
Dieser Flieger macht die tollsten Loopings!

Der Segelflieger (ab 3 Jahren)

Material:
1 Papierstreifen (15 cm x 1,5 cm) pro Flieger, 1 Papierstreifen (12 cm x 1 cm) pro Flieger, Klebeband, 1 Strohhalm pro Flieger

Arbeitsanleitung:
Beide Papierstreifen werden mit einem Stück Klebeband jeweils zu einem Ring zusammengeklebt. Beide Ringe werden nun mit Hilfe des Klebebandes jeweils an einem Ende des Strohhalms befestigt.

Hinweis:
Den Segelflieger mittig am Strohhalm fassen. Der große Ring zeigt nach vorne. Nun den Flieger mit leichtem Schwung nach vorne werfen. Dieser Flieger segelt ganz gemütlich durch die Lüfte.

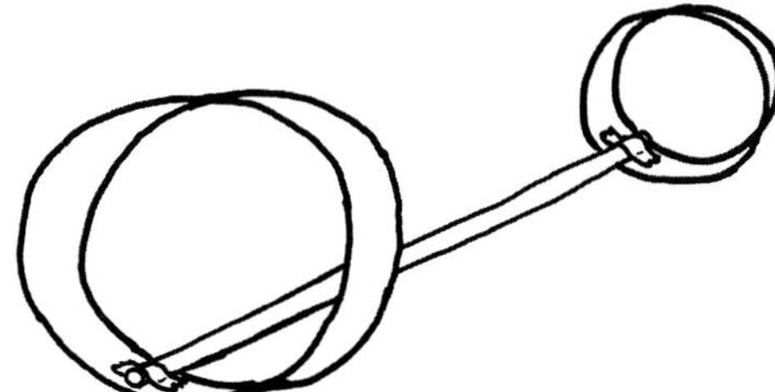

Der Propeller (ab 3 Jahren)

Material:
Kopiervorlage „Der Propeller“ (s. S. 17), evtl. Buntstifte, Scheren

Arbeitsanleitung:
Die Vorlage „Propeller“ wird entsprechend oft kopiert und ausgeschnitten. Mit Buntstiften kann der Propeller von beiden Seiten bemalt werden.
Entlang der gepunkteten Linie wird der Propeller eingeschnitten. Die gestrichelten Linien werden gefaltet. Die Seitenteile unten werden dabei nach innen übereinandergeklappt. Wichtig ist es, dass die Propeller-Blätter in die gegensätzliche Richtung gefaltet und dann wieder etwas hochgebogen werden.

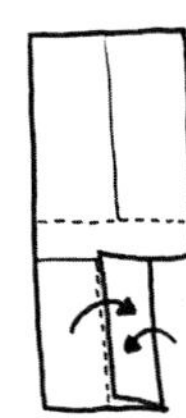

Hinweis:
Den Propeller lässt man mit den Flügeln nach oben zeigend aus einer gewissen Höhe herunterfallen.
Je höher man steht, desto schöner und länger sieht man das Rotieren des Propellers.
Im Innenraum kann man sich dafür beispielsweise auf einen Stuhl stellen.
Auf dem Außengelände eignet sich ein Klettergerüst sehr gut.

BVK • Jenny Hütter: Kita aktiv „Projektmappe Flughafen und Flugzeuge“

Kopiervorlage „Propeller“

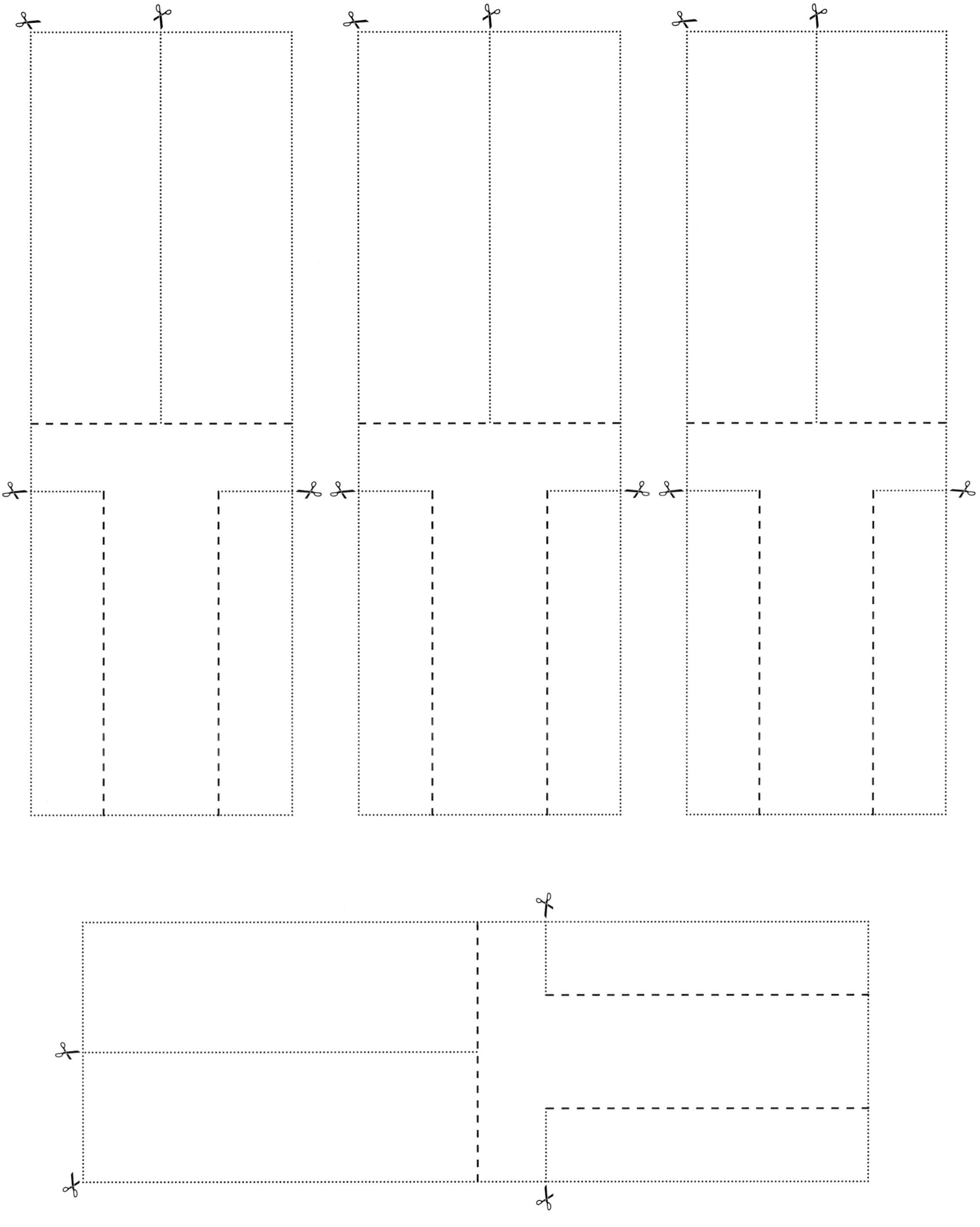

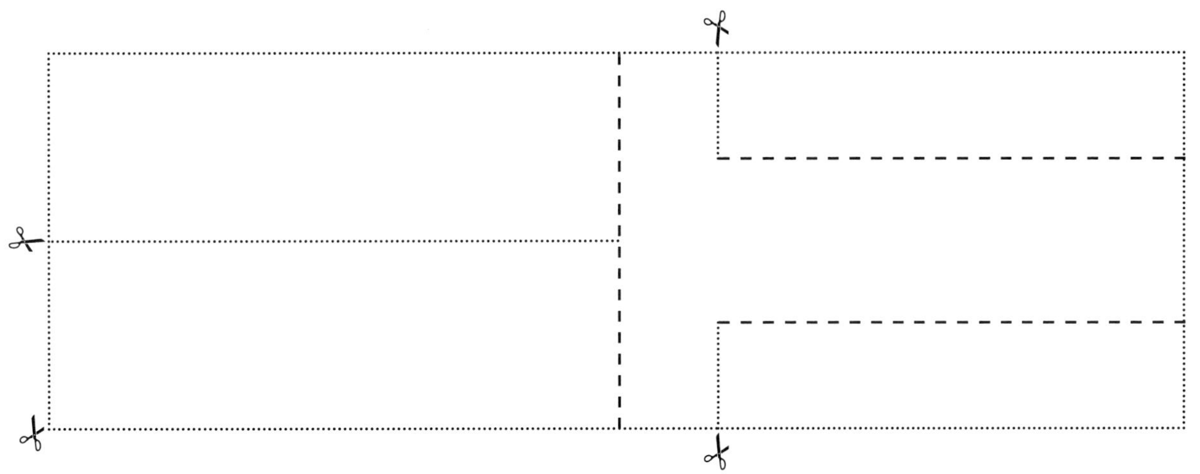

Wir bauen ein Flugzeug (ab 4 Jahren)

Material:
Kopiervorlage „Flugzeugteile" (s. S. 19), 1 Schere, 1 Bleistift, bunter Tonkarton (beliebige Farbe), 1 Eierkarton, 1 Papprolle (etwa 25 cm Länge), Fingerfarbe, Pinsel, Heißkleber, Kleber, schwarzer oder weißer Filzstift

Vorbereitung:
Die Vorlage „Flugzeugteile" wird kopiert, ausgeschnitten und mit Bleistift auf den Tonkarton übertragen. Die Flugzeugteile werden ausgeschnitten.

Arbeitsanleitung:
1. Ein Trennstück, also eine Spitze, wird aus dem Eierkarton herausgeschnitten.
2. Mit der Fingerfarbe wird die Papprolle und das Trennstück in einer gewünschten Farbe angemalt. Beides muss gut trocknen.
3. Am unteren Rand des Trennstückes wird Heißkleber aufgetragen und das Stück in die Papprolle hineingeklebt, sodass die Spitze herausschaut.
4. Die Tragflächen werden an der gestrichelten Linie geknickt. Auf den Streifen wird Kleber aufgetragen und die Flügel rechts und links am Flugzeugrumpf, also der Papprolle, befestigt.
5. Die zwei Teile des Flugzeughecks werden entlang der gestrichelten Linie geknickt und an den Seitenrudern aneinandergeklebt. Das Ganze wird mit Kleber auf dem Flugzeugrumpf befestigt.
6. Mit dem Filzstift werden mehrere Fenster aufgemalt.

Tipp:
Die Kinder können sich zu Gruppen zusammenfinden, um gemeinsam einen Flieger zu bauen, oder jedes Kind baut seinen eigenen. Die Flieger eignen sich dann wunderbar für das Freispiel, zum Beispiel auch mit einem kleinen selbst gebauten Flughafen (s. S. 48).

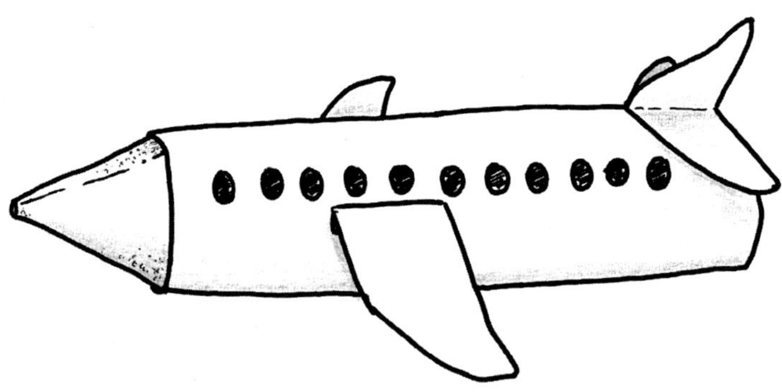

Kopiervorlage „Flugzeugteile“

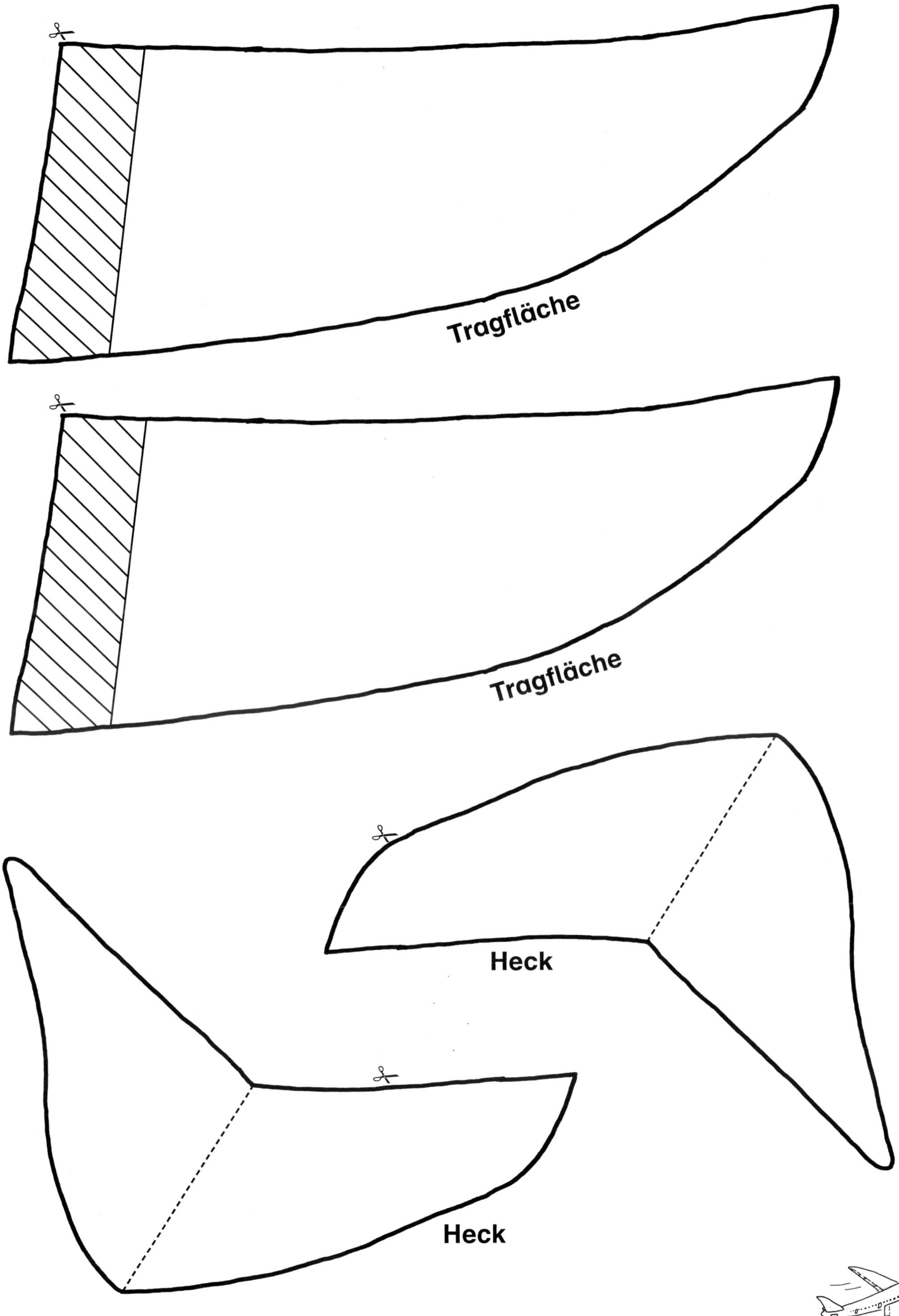

Tragfläche

Tragfläche

Heck

Heck

Länder-Wimpelkette (ab 4 Jahren)

Material:
Kopiervorlage „Flieger“ (s. u.), weißes Tonpapier, 1 Bleistift, 1 Lineal, Scheren, Filzstifte, ggf. Fotos der Kinder und Kleber, Buch mit Abbildungen verschiedener Fahnen (z. B. ein Atlas) oder Abbildungen aus dem Internet, 1 Schnur, 1 Tacker

Vorbereitung:
Kopieren Sie die Vorlage für jedes Kind. Auf das Tonpapier wird für jedes Kind ein 10 cm x 20 cm großes Rechteck aufgemalt und ausgeschnitten. An der kurzen Seite wird ein etwa 2 cm breiter Streifen umgeknickt.

Arbeitsanleitung:
1. Die Kinder malen ihren Flieger an und schneiden ihn anschließend aus. Wer möchte, kann sein Gesicht aus einem kleinen Foto ausschneiden und in das Cockpitfenster kleben. Das vorgegebene Loch wird mit der Scherenspitze ausgestochen und eine Schnur zum Aufhängen hindurchgezogen.
2. Das Kind sucht sich eine Fahne aus den Abbildungen aus und malt sie entsprechend auf das Rechteck, möglichst von beiden Seiten.
3. Anschließend wird die Fahne am geknickten Streifen über die Schnur gehangen und mit dem Tacker befestigt. Zwischen den Fahnen werden die Flieger der Kinder aufgehangen.
4. Kommen Sie mit den Kindern in ein Gespräch über die verschiedenen Länder und wie man dorthin reisen kann. Folgende Fragestellungen können hilfreich sein:
   - Warst du schon einmal in einem anderen Land? In welchem Land warst du?
   - Wie bist du dorthin gereist?
   - Welche Transportmittel kennst du, mit denen du in ein anderes Land reisen kannst?
   - Welche der Transportmittel hast du schon einmal benutzt?

Kopiervorlage „Flieger“

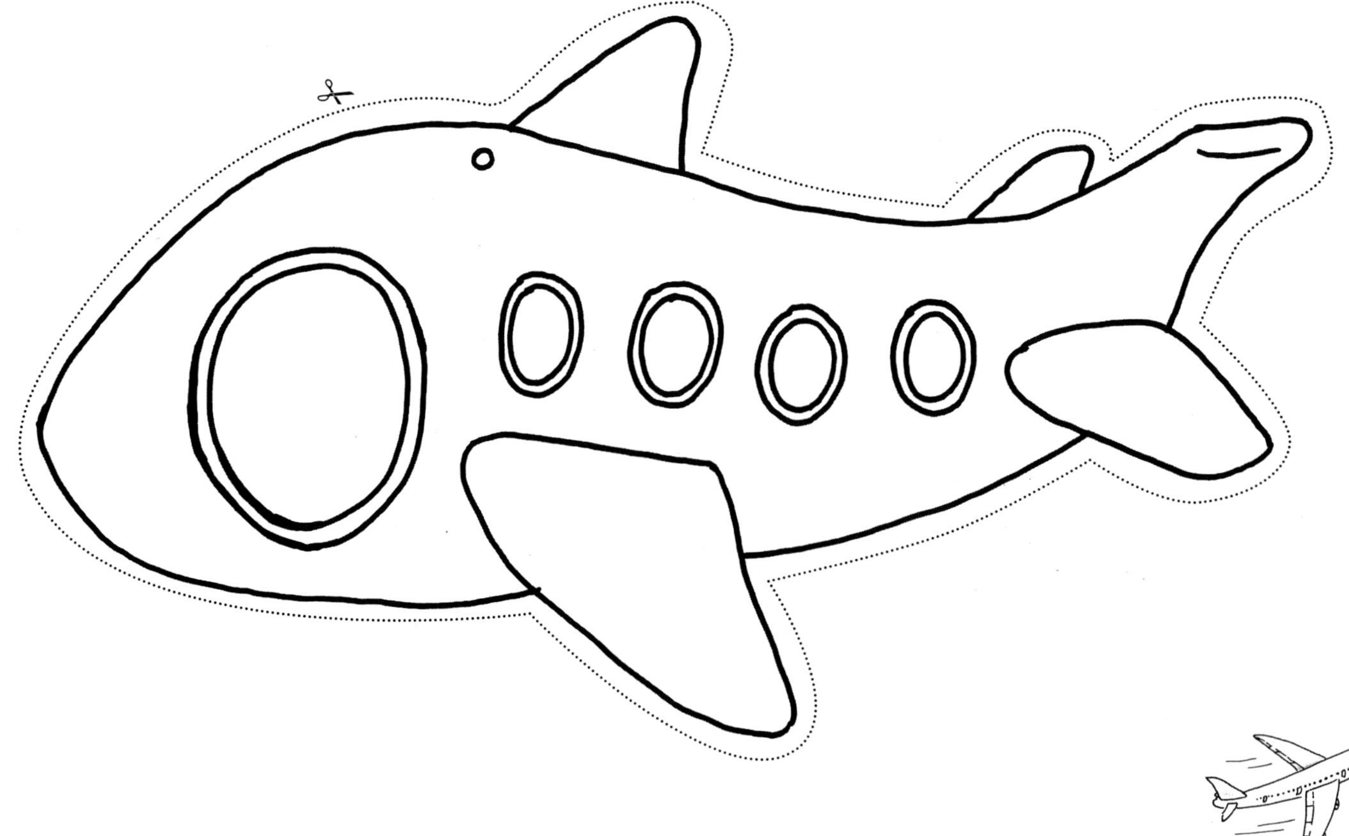

Flugeigenschaften testen (ab 3 Jahren)

Material:
selbst gebastelte Flieger (s. S. 14 bis 17), 1 – 2 Holzreifen, 1 Stuhl

Spielmöglichkeit mit Flinker Flieger, Looping Louie und dem Segelflieger:
Die gebastelten Flieger eignen sich sehr gut für verschiedenste Angebote:

- Die Kinder können sich nebeneinanderstellen und ihre Flieger fliegen lassen. Welcher Flieger schafft es am weitesten?
- Das Kind lässt seinen Flieger fliegen und rennt hinterher. Wer ist schneller: Kind oder Flieger?
- Immer zwei Kinder stellen sich gegenüber. Eines startet den Flieger, das andere Kind versucht, den Flieger zu fangen.
- Ein Kind hält einen Reifen hoch. Das andere Kind versucht, seinen Flieger durch den Reifen fliegen zu lassen.
- Der Reifen wird als Flughafen irgendwo im Raum abgelegt. Das Kind versucht, von einer beliebigen Position aus, den Flieger im Reifen landen zu lassen.

Spielmöglichkeit mit dem Propeller:
Der Propeller dreht sich am schönsten, wenn er aus großer Höhe fallengelassen wird. Im Flug dreht er sich immer wieder. Die Kinder können …

- versuchen zu zählen, wie oft sich der Propeller dreht, wenn er …
  a) aus dem Stand fallen gelassen wird.
  b) von einem Stuhl fallen gelassen wird.
- sich zu zweit im Außengelände / auf dem Spielplatz auf ein Klettergerüst stellen und ihre Propeller hinunterfallen lassen. Welcher Propeller landet als Erster?

Weiterführende Ideen:
Auf einem Eltern-Kind-Nachmittag können verschiedene Flugzeuge gebastelt werden.
Hinterher gibt es einen Fliegerwettbewerb zwischen dem Kind und seinem Elternteil.

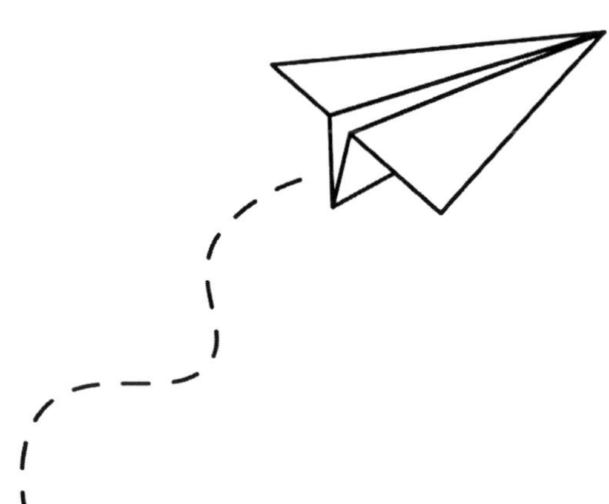

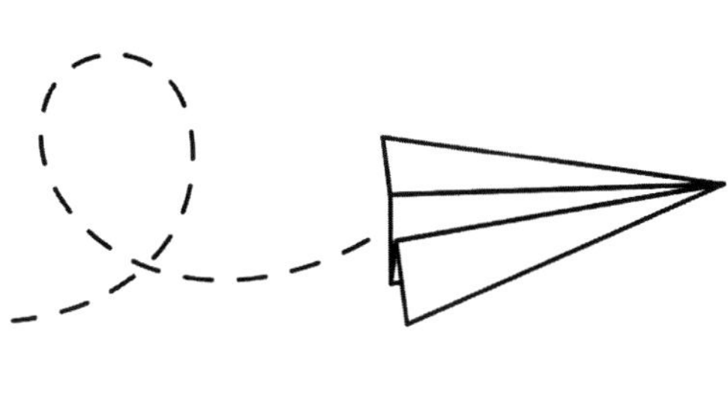

Der statische Auftrieb beim Heißluftballon (ab 4 Jahren)

Material:
2 Eimer, Wasser, 1 Wasserkocher, 2 Luftballons, 2 gleich große Plastikflaschen

Arbeitsanleitung:
1. Ein Eimer wird mit kaltem Wasser gefüllt.
2. Der Wasserkocher wird mit Wasser gefüllt und zum Kochen gebracht.
3. Die Luftballons werden jeweils über eine Flaschenöffnung gestülpt.
4. Die erste Flasche mit Ballon wird in das kalte Wasser gestellt. Die Kinder äußern ihre Beobachtungen dazu.
5. Das heiße Wasser aus dem Wasserkocher wird in den zweiten Eimer gefüllt. Die andere Flasche mit Ballon wird dort hineingestellt. Was geschieht? Die Kinder äußern wieder ihre Beobachtungen. Der Luftballon richtet sich auf und füllt sich mit Luft.
6. Erklären Sie den Kindern, warum sich der eine Ballon aufrichtet und der andere nicht.
7. Erklären Sie aufbauend darauf, wie ein Heißluftballon funktioniert. Eine genauere Erklärung ist unter „Vorbemerkungen und Arbeitshinweise“ auf Seite 5 zu finden.

Das fliegende Blatt – Experiment zum Bernoulli-Effekt (ab 3 Jahren)

Material:
1 Lineal, 1 Blatt Papier (etwa 10 cm x 20 cm)

Arbeitsanleitung:
Das Lineal wird quer vor dem Mund gehalten. Das Papier wird mit der kurzen Seite über die Kante des Lineals gelegt und mit dem Daumen festgehalten. Das Papier fällt nun über das Lineal und beschreibt einen Bogen. Nun wird mit dem Mund über die Wölbung des Blattes gepustet. Was passiert? Das Blatt steigt mit dem Luftstrom nach oben.
Erklären Sie den Kindern diesen Effekt und was er mit dem Fliegen zu tun hat. Informationen dazu finden Sie unter „Vorbemerkungen und Arbeitshinweise“ auf Seite 4.

Zauberhafte Getränkedosen – Experiment zum Bernoulli-Effekt (ab 3 Jahren)

Material:
2 leere Getränkedosen, 1 Trinkhalm

Arbeitsanleitung:
Die Getränkedosen werden im Abstand von etwa 6 cm nebeneinander hingelegt. Das Kind stellt sich dahinter und hält den Trinkhalm in den Zwischenraum. Was geschieht, wenn das Kind durch den Trinkhalm in den Zwischenraum pustet?
Mit dem Luftstrom rollen die Getränkedosen nicht auseinander (wie man dies vielleicht vermuten sollte), sondern bewegen sich aufeinander zu. Erklären Sie den Kindern, warum das so ist und was es mit Flugzeugen zu tun hat.
Informationen dazu finden Sie unter „Vorbemerkungen und Arbeitshinweise“ auf Seite 4.

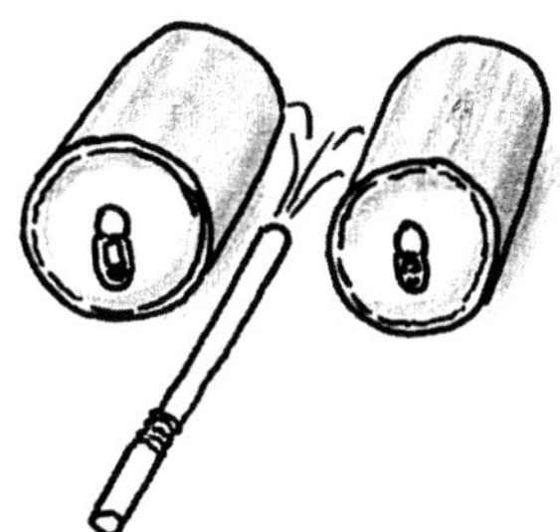

Die Kerze – Experiment zum Coanda-Effekt (ab 3 Jahren)

Material:
1 Teelicht, 1 Unterteller, Streichhölzer oder 1 Feuerzeug,
1 großer eckiger Baustein, 1 Flasche

Arbeitsanleitung:
1. Das Teelicht wird auf den Unterteller gestellt und angezündet.
2. Fragen Sie die Kinder: „Was glaubt ihr geschieht, wenn man von der Seite in Richtung Flamme pustet?“
   Die Kinder dürfen ihre Ideen dazu frei äußern.
3. Dies wird natürlich auch ausprobiert und die Kinder beobachten.
4. Als Nächstes wird der eckige Baustein vor die Kerze gestellt. Fragen Sie dasselbe wie zuvor und lassen Sie die Kinder ihre Ideen dazu wieder frei äußern. Auch dies wird natürlich ausprobiert. Die Kerze lässt sich nicht auspusten.
5. Im nächsten Schritt wird die Flasche vor die Kerze gestellt. Die Kinder werden wieder gefragt, was passiert, wenn man dagegen pustet. Beim Ausprobieren wird das Erstaunen wahrscheinlich groß sein, dass in diesem Falle die Flamme tatsächlich ausgeht.
6. Erklären Sie den Kindern, warum die Kerze ausgegangen ist, obwohl die Flasche davorstand.

Die Erklärung dazu und was das Ganze mit Flugzeugen zu tun hat, ist unter „Vorbemerkungen und Arbeitshinweise“ auf Seite 4 zu finden.

Der Raketenantrieb (ab 3 Jahren)

Material für den einfachen Antrieb:
1 Luftballon pro Kind, 1 Luftballonpumpe

Material für den etwas schwierigeren Antrieb:
1 Trinkhalm, ggf. 1 Schere, 2 Stühle, 1 Schnur, 1 Luftballon, 1 Luftballonpumpe, Klebeband

Arbeitsanleitung für den einfachen Antrieb:
Die Luftballons werden aufgepustet. Wichtig ist es, das Ende gut zuzuhalten, damit keine Luft hinausströmt. Die Kinder halten ihren Luftballon hoch. Auf ein vorher vereinbartes Kommando geht es los. Alle Kinder lassen den Luftballonverschluss los. Was können die Kinder beobachten?

- Die Luftballons sausen kreuz und quer durch den Raum.
- Die Richtung, in die die Ballons fliegen, lässt sich nicht steuern.
- Sobald alle Luft entwichen ist, fällt der Luftballon zu Boden.

Der Raketenantrieb lässt sich beliebig oft wiederholen.

Arbeitsanleitung für den etwas schwierigeren Antrieb:

1. Vom Trinkhalm wird der „Knick“, falls vorhanden, abgeschnitten, man benötigt nur eine gerade Röhre.
2. Die Stühle werden in großem Abstand (mind. 6 m) zueinander aufgestellt, zum Beispiel in einem langen Flur oder der Turnhalle.
3. Der Trinkhalm wird auf die Schnur aufgezogen. Danach wird die Schnur zwischen den beiden Stühlen straff aufgespannt und die Enden jeweils an den Lehnen der Stühle festgeknotet.
4. Der Luftballon wird mit der Luftballonpumpe aufgepustet. Danach wird die Öffnung gut zugehalten.
5. Jetzt benötigt man unter Umständen eine helfende Hand. Der Luftballon wird vorsichtig mit dem Klebeband am Trinkhalm befestigt (er hängt jetzt unter der Schnur).
6. Trinkhalm und Luftballon werden auf die Stuhlseite gezogen, zu der die Öffnung des Luftballons zeigt. Dabei die Öffnung des Luftballons weiterhin gut zuhalten.

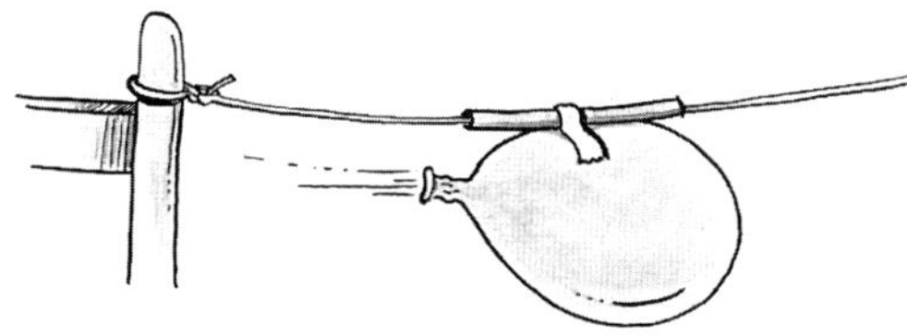

7. Nun geht es los. Der Luftballon wird losgelassen und saust einmal quer durch den Raum, unter dem Faden entlang.
   Das Prinzip ist das gleiche wie beim einfachen Antrieb. Die Schnur dient lediglich dazu, die Flugrichtung der Rakete vorzugeben.

Eine genauere Erklärung zu dem Raketenantrieb ist unter „Vorbemerkungen und Arbeitshinweise“ auf Seite 5 zu finden.

Flugzeug-Pancakes (ab 2 Jahren)

Zutaten für etwa 20 kleine Pancakes:
6 Eier, 200 ml Milch, 400 g Naturjoghurt, 300 g Mehl, 2 Päckchen Backpulver,
1 Prise Salz, 4 EL Zucker, etwas Öl

Zutaten zum Verzieren:
Blaubeeren, Erdbeeren, Bananen, Kiwi, 200 g Quark, etwas Milch,
1 EL Zucker, Ahornsirup

Arbeitsmittel:
2 Rührschüsseln, 1 Handrührgerät, 1 Messbecher, 1 Waage, 1 Schneebesen,
1 Pfanne, 1 Herd, 1 Schöpfkelle, 1 Pfannenwender, kleine Teller für die Pancakes,
1 Sieb, 1 Schneidebrett, 1 Schneidemesser, Teller für das geschnittene Obst, 1 Schüssel,
1 Esslöffel, 1 Teelöffel pro Kind

Zubereitung:

1. Die Eier in eine Rührschüssel aufschlagen und mit dem Handrührgerät schaumig schlagen.
2. Milch und Joghurt mit dem Schneebesen in der anderen Schüssel verrühren.
3. Die Mischung zusammen mit dem Mehl, dem Backpulver, dem Salz und dem Zucker nach und nach zu den Eiern geben und weiter mit dem Handrührgerät verquirlen. Der Teig sollte schön dickflüssig sein.
4. Etwas Öl in die Pfanne geben und auf den Herd auf mittlerer Stufe stellen. Immer etwas Teig mit der Schöpfkelle in die Pfanne geben und die Pancakes von beiden Seiten ausbacken. Die fertigen Pancakes auf die kleinen Teller verteilen. Ggf. zwischendurch etwas Öl nachgeben.
5. Die Blaubeeren und die Erdbeeren gründlich waschen. Das Grün von den Erdbeeren entfernen und die Erdbeeren in Scheiben schneiden. Die Bananen längs halbieren und dann einmal mittig durchschneiden. Die Kiwi schälen, in etwa daumendicke Scheiben schneiden und dann noch einmal halbieren.
   Das Obst auf Tellern verteilen.
6. Den Quark mit etwas Milch und 1 EL Zucker in einer Schüssel verrühren.
7. Das Obst und den Quark auf den Tisch stellen. Die Kinder setzen sich um den Tisch herum.
   Geben Sie jedem Kind einen Teller mit einem Pancake.
8. Nun können die Kinder ihre Pancakes mit einem Flugzeug aus Obst verzieren. Grundlage bildet der Quark, der mit einem kleinen Löffel auf dem Pancake verteilt wird. Darüber wird etwas Ahornsirup geträufelt. Mit den Blaubeeren kann zum Beispiel der Flugzeugrumpf gelegt werden. Die Bananen kommen als Tragflächen seitlich daran. Ein Stück Kiwi kann als Höhenruder gelegt werden und die Erdbeerscheiben als Fenster im Flugzeugrumpf.
   Natürlich kann das Obst auch variiert werden.

Nun können sich die Kinder ihre Kunstwerke schmecken lassen!

Tipp:
Wer einen Flugzeugausstecher hat, kann die Pancakes auch direkt in der Form eines Flugzeuges backen.

Flugzeug-Brot (ab 2 Jahren)

Zutaten:
Möhren, Cocktailtomaten, Paprika, 2 Brotscheiben pro Kind, Frischkäse, 1 Salatblatt pro Kind

Arbeitsmittel:
1 Sieb, 1 Schneidbrett, 1 Küchenmesser, 1 Brotmesser

Zubereitung:
1. Das Gemüse gründlich waschen.
2. Die Möhren schälen und in schmale Streifen von etwa 3 – 5 cm Länge schneiden. Die Cocktailtomaten in Scheiben schneiden. Die Paprika entkernen und Stücke für die Heckflossen abschneiden.
3. Die Brote mit Frischkäse bestreichen. Eines der Brotscheiben halbieren.
4. Nun wird das Flugzeug angerichtet. Dazu erst das Salatblatt auf den Teller legen, darauf kommt die große Scheibe Brot. Die beiden Brothälften kommen als Tragflächen an die Seite. Die Cocktailtomatenscheiben werden als Fenster auf das Flugzeug gelegt. Das Stück Paprika dient hinten als Heckflosse. Die Möhrenstreifen werden auf die Tragflächen gelegt.

Fertig sind die leckeren Flugzeug-Brote!

Tomatensaft (ab 2 Jahren)

Zutaten:
1 kg Tomaten, Minzblätter, Wasser, 1 TL Salz

Arbeitsmittel:
1 Küchenmesser, 1 Kochtopf, 1 Herd, 1 Pürierstab, ggf. 1 Kochlöffel, 1 Glas pro Kind

Zubereitung:
1. Die Tomaten und die Minze waschen.
2. Mit dem Küchenmesser den Strunk der Tomaten herausschneiden.
3. Den Kochtopf mit Wasser füllen, auf den Herd stellen und zum Kochen bringen.
4. Die Haut der Tomaten kreuzförmig einritzen und etwa 1 Minute in das kochende Wasser legen.
5. Den Herd ausstellen und das Wasser abgießen. Nun kann die Haut der Tomaten mit Hilfe des Küchenmessers abgezogen werden.
6. Das Salz hinzugeben und die Tomaten noch einmal kurz (etwa 3 Minuten) aufkochen lassen. Dabei die Tomaten mit dem Pürierstab pürieren. Wenn einem die Konsistenz zu dickflüssig ist, ggf. noch ein wenig Wasser hinzugeben und gut verrühren.
7. Den fertigen Tomatensaft in Gläser füllen und mit einem Minzblatt dekorieren.

Guten Appetit!

BVK • Jenny Hütter: Kita aktiv „Projektmappe Flughafen und Flugzeuge“

Der Fluglotse weist dir den Weg (ab 5 Jahren)

Der Fluglotse gibt vor, welcher Flieger wo entlang fliegen soll. Es darf schließlich keine Zusammenstöße geben.
Folge den Anweisungen des Fluglotsen, damit die Flugzeuge sicher landen.
Zeichne den Weg nach.

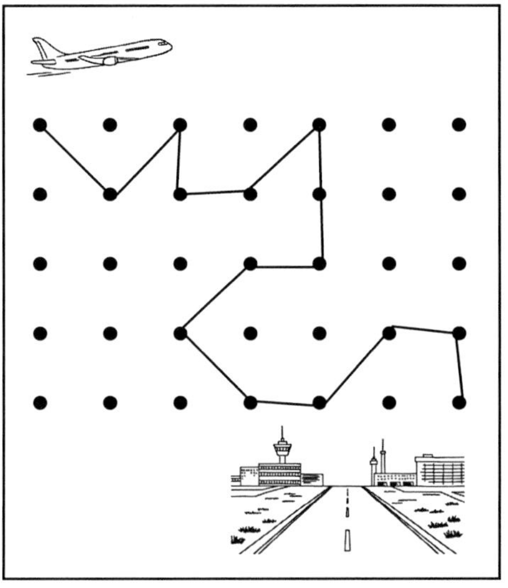

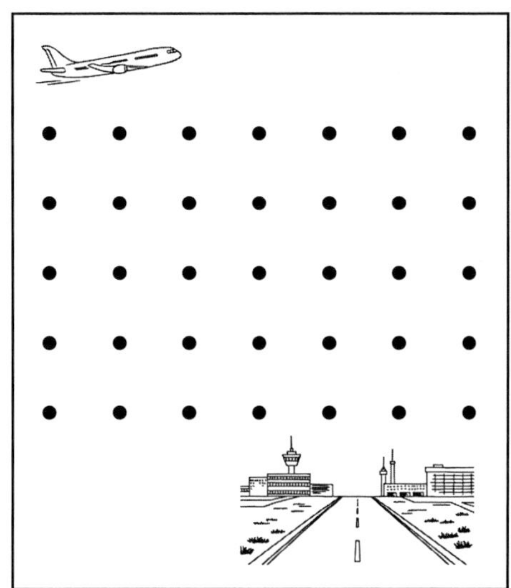

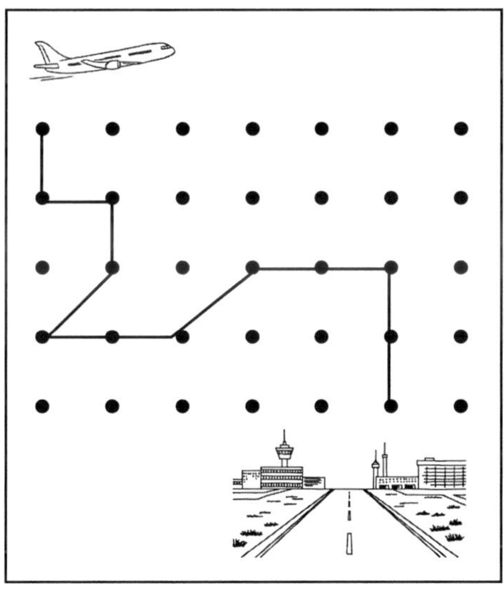

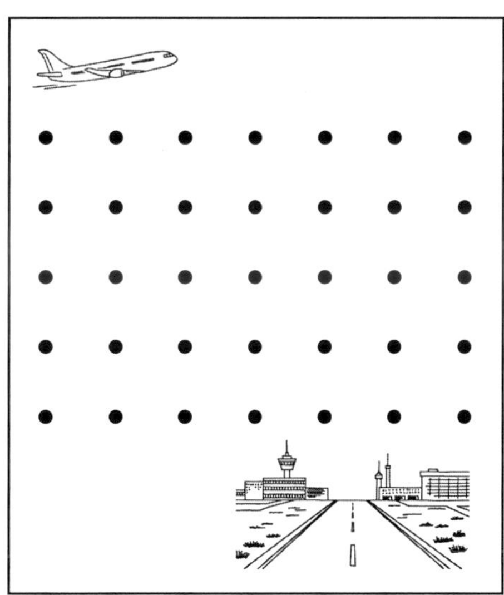

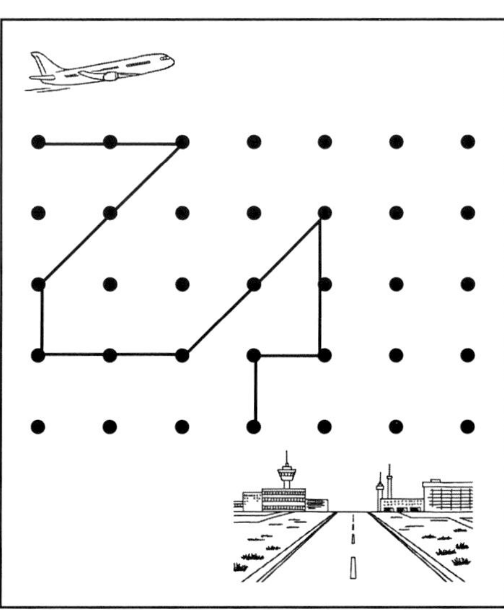

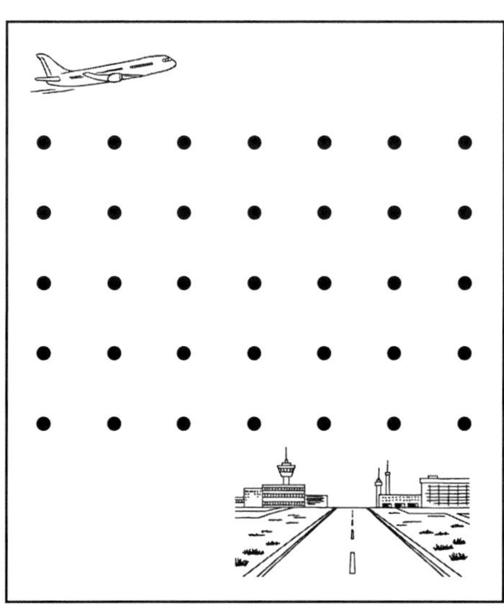

Links oder rechts? (ab 5 Jahren)

○ Kreise alle Flugzeuge grün ein, die nach rechts → fliegen.
○ Kreise alle Flugzeuge rot ein, die nach links ← fliegen.

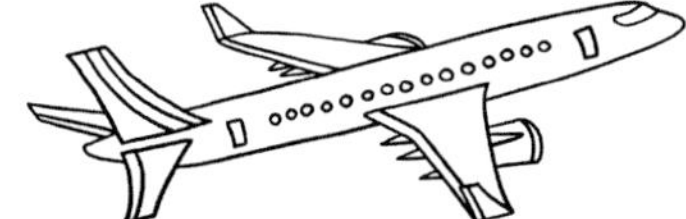

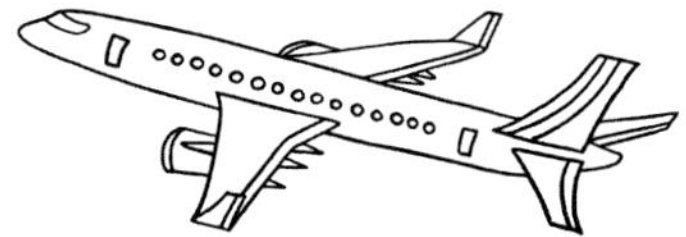

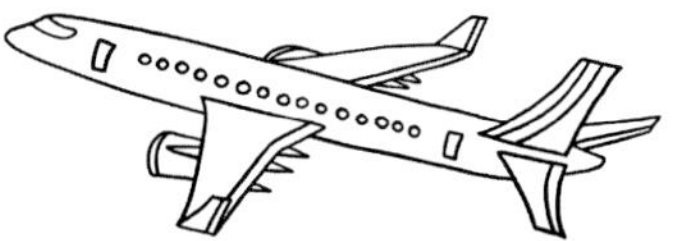
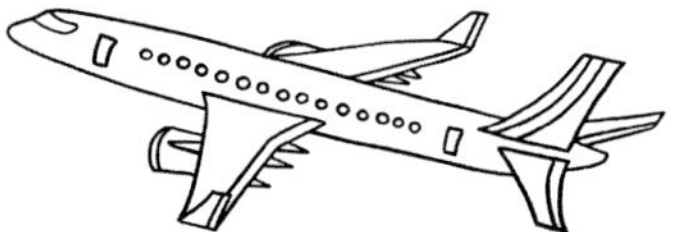

Wie viele gibt es davon? (ab 5 Jahren)

Zähle die Luftfahrzeuge. Verbinde sie mit der richtigen Zahl.
Weißt du, wie die Luftfahrzeuge heißen?

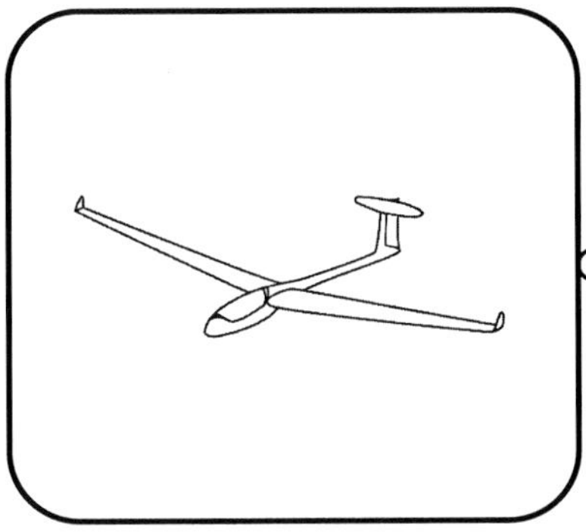

1

2

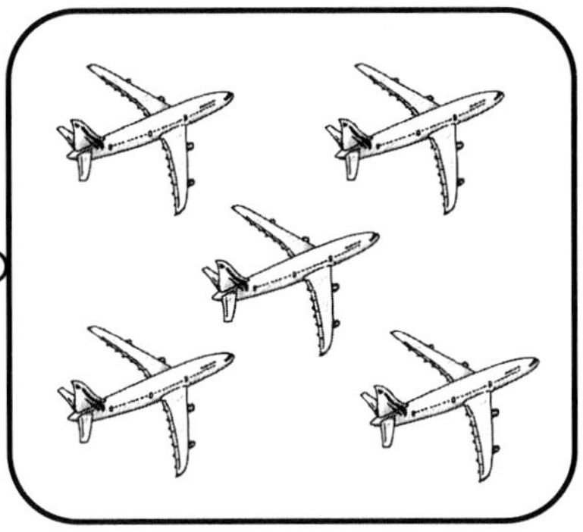

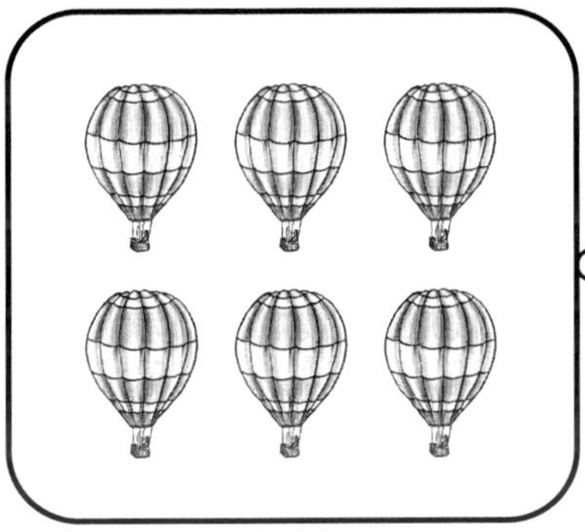

3

4

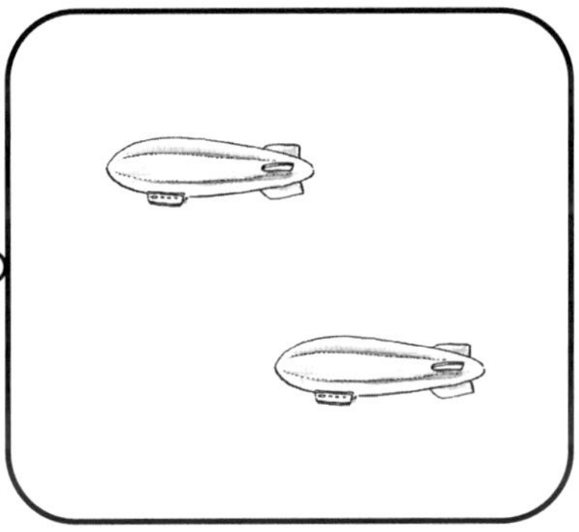

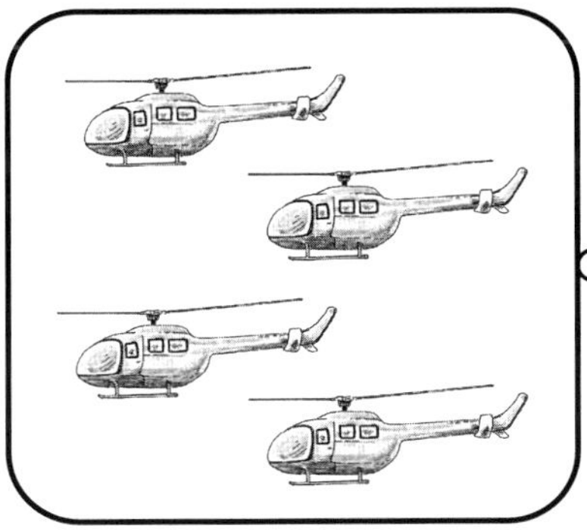

5

6

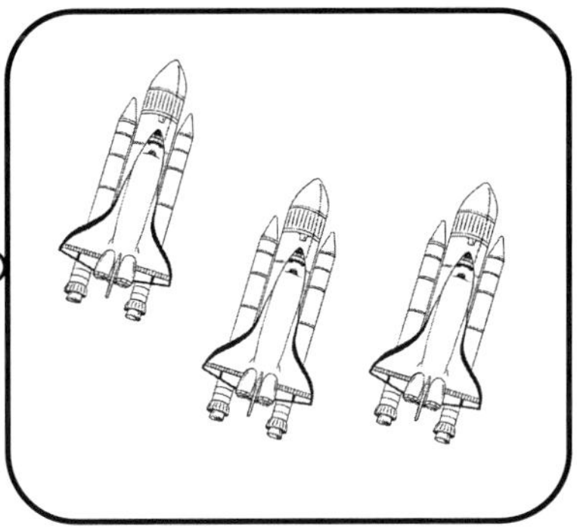

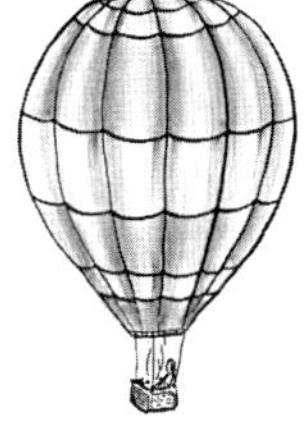

Handgepäck (ab 5 Jahren)

Material:
2 Rucksäcke, 1 Personenwaage, 1 Zahlenwürfel, verschiedenstes Spielzeug aus der Kita

Spielanleitung:
1. Immer zwei Kinder treten gegeneinander an. Jedes Kind bekommt einen Rucksack. Dieser Rucksack ist das Handgepäck für das Flugzeug.
2. Den Kindern werden jetzt Würfelzahlen zugeordnet, zum Beispiel bekommt das erste Kind die geraden Würfelzahlen und das zweite Kind die ungeraden Würfelzahlen.
3. Nun geht es los. Einer beginnt zu würfeln. Wurde zum Beispiel eine Zwei gewürfelt, darf das erste Kind (gerade Zahl) loslegen und darf nun einen Gegenstand in seinen Rucksack packen. Dieser wird dann gewogen und das Kind merkt sich das Gewicht. Dann würfelt das andere Kind usw.
4. Wer als Erstes genau 4,0 kg erreicht, gewinnt das Spiel. (Je nach Größe der Rucksäcke und vorhandenem Spielmaterial kann das Gewicht angepasst werden.) Wurde der Rucksack überladen, so hat das Kind verloren und das andere Kind gewinnt.

Solange keiner die 4,0 kg erreicht und keiner den Rucksack überlädt, geht das Spiel weiter.

Der Zeppelin (für 2–4 Spieler) (ab 3 Jahren)

Material:
Kopiervorlage „Der Zeppelin“ (s. S. 31), Buntstifte, 1 Laminiergerät und -folie, 6 Spielsteine pro Kind (z. B. Muggelsteine), 1 Würfel

Vorbereitung:
Der Zeppelin wird für jedes mitspielende Kind kopiert. Anschließend wird er bunt bemalt und laminiert.

Spielanleitung:
Jedes Kind erhält einen Zeppelin und 6 Spielsteine. Diese werden neben dem Zeppelin abgelegt. Es wird reihum gewürfelt. Das Kind mit der höchsten Zahl beginnt. Es würfelt und legt einen Spielstein in das entsprechende Feld. Dabei gilt:
- Wird bei einer weiteren Runde die Zahl erneut gewürfelt, wird der Spielstein wieder heruntergenommen. Liegt jedoch einmal ein Spielstein in der Gondel (6), bleibt er dort.
- Wer zuerst alle Spielsteine auf dem Zeppelin liegen hat, verliert das Spiel, denn der Zeppelin sinkt unter dem Gewicht.
- Hat ein Kind verloren, so kann entweder weitergespielt werden, bis nur noch ein Zeppelin fliegt, oder es werden die gelegten Spielsteine gezählt und es gewinnt, wer die wenigsten Spielsteine auf dem Zeppelin liegen hat.

BVK • Jenny Hütter: Kita aktiv „Projektmappe Flughafen und Flugzeuge“

Kopiervorlage „Der Zeppelin“

Fliegerfest (ab 4 Jahren)

Material:
Geschichten zu den Stationen des Fliegens (s. S. 33–38), 1 Laminiergerät und -folie, Pappe, 1 schwarzer Filzstift, Reiszwecken oder Klebestreifen zum Aufhängen, Klebeband, Material für die verschiedenen Angebote, 1 Drucker, Malblätter, Buntstifte

Vorbereitung:
Basteln Sie mit den Kindern die Einladungen für das Fliegerfest (s. S. 39). Die Geschichten über das Fliegen werden zwei Mal kopiert und laminiert, einmal für den Zeitstrahl und einmal als Vorlesegeschichte bei der Station. Aus Pappe wird ein Zeitstrahl von 1400 bis heute angefertigt und an einer Wand aufgehangen. Die Geschichten werden mit Klebeband an den jeweiligen Zeitabschnitten befestigt. So können Eltern und Kinder gut sehen, welche „Meilensteine" der Luftfahrt wann erfolgt sind. Bereiten Sie mit den Kindern einige Snacks vor (s. z. B. S. 25–26), mit denen sich die Gäste zwischen den Stationen stärken können. Vielleicht kann hierfür ein Flughafenterminal mit Café nachempfunden werden.

Ablauf:
Es werden sechs Stationen aufgebaut. Jede Station wird von einer Fachkraft begleitet. Es können immer 4–5 Familien an einer Station beschäftigt werden. Zuerst wird die jeweilige Geschichte erzählt/vorgelesen. Im Anschluss daran wird ein Angebot passend zur Geschichte gemacht.

Mögliche Spielstationen für das Fliegerfest:
Die Spielstationen drehen sich alle um die Geschichte des Fliegens und Flugzeuge als solches. Die Spielstationen sind als Ideen zu verstehen, die auch in veränderter Form durchgeführt werden können, abhängig davon, wie viele Personen zum Fest kommen und wie lange das Fest dauern soll. Die Geschichten müssen nicht in der zeitlich richtigen Reihenfolge absolviert oder alle Stationen gemacht werden, sondern können je nach Altersstruktur und Interesse behandelt werden.

1. Station: Der Traum vom Fliegen
Im Internet werden Zeichnungen von da Vincis Fluggeräten herausgesucht. Einige davon werden ausgedruckt, laminiert und in einer gemütlichen Ecke aufgehangen. Fragestellungen dazu können lauten:
- „Was meint ihr, welche von Leonardos Ideen wurden später in ähnlicher Form tatsächlich gebaut?"
- „An welche Fluggeräte erinnern euch die Zeichnungen?"

Im Anschluss daran wird ein eigenes Fantasie-Flugobjekt gemalt, ähnlich wie da Vinci es damals gemacht hat. Hierfür liegen Stifte und Malblätter bereit.

2. Station: Die Erfindung des Heißluftballons
Experiment: „Der statische Auftrieb beim Heißluftballon" (s. S. 22)

3. Station: Der Traum vom Fliegen geht weiter
Basteln: „Der Segelflieger" (s. S. 16)

4. Station: Die Flugversuche von Otto Lilienthal
Experiment: „Die Kerze – Experiment zum Coanda-Effekt" (s. S. 23), Spiel: „Bruchlandungen" (s. S. 45)

5. Station: Die fliegende Zigarre
Spiel: „Der Zeppelin" (s. S. 30)

6. Station: Das erste Motorflugzeug hebt ab
Basteln: „Looping Loui" (s. S. 15)

Die Landebahn aus dem Fluglotsen-Spiel (s. S. 48) kann bei der 3. und 6. Station für Flugversuche genutzt werden.

1. Der Traum vom Fliegen

Den Traum vom Fliegen hatten schon viele Menschen, bevor er Wirklichkeit werden konnte. Zunächst wurde gesagt, dass diese Fähigkeit nur den Göttern gegeben ist. Doch nach und nach versuchten die Menschen, das Fliegen zu lernen.
In China ließ man zum Beispiel Menschen an riesige Drachen gebunden in die Luft steigen. Später erdachten einige Erfinder zum Beispiel Gleiter.
Einer, der ebenfalls vom Fliegen träumte, war Leonardo da Vinci. Hast du schon einmal von ihm gehört? Nein? Das ist nicht schlimm, denn Leonardo da Vinci lebte vor sehr langer Zeit (er wurde 1452 geboren) in Italien. Leonardo war ein besonders kluger Mann.
Er beschäftigte sich mit der Malerei und untersuchte die Natur. Er malte fantastische Bilder über seine Studien und träumte von großartigen Dingen. Um einen seiner größten Träume geht es heute: Er träumte davon, wie ein Vogel durch die Luft zu gleiten, über grüne Wiesen und blaue Seen hinweg. Um seinen Traum wahr werden zu lassen, schaute er sich die Vögel ganz genau an. Er malte Bilder von ihnen und schrieb seine Beobachtungen auf, wie sie mit den Flügeln schlugen und elegant durch die Luft glitten. Leonardo begann sich zu überlegen, wie er ein Fluggerät bauen könnte, mit dem ein Mensch wie ein Vogel fliegen würde.
Er baute Apparate aus Holz und Stoff, um herauszufinden, wie das Fliegen möglich ist. Dabei erlangte er Erkenntnisse, die seiner Zeit weit voraus waren, und die die Idee des Fliegens weiterbringen sollten. Er kam zu dem Schluss, dass der Mensch nicht so mit den Flügeln schlagen kann wie Vögel. Dazu fehlt uns einfach die nötige Kraft. Er gab aber niemals auf!
Er überlegte weiter und erdachte sich zum Beispiel Gleiter, mit denen der Mensch, ohne mit den Flügeln zu schlagen, fliegen könnte. Zeit seines Lebens fertigte er genaue Zeichnungen für die tollsten Flugapparate an. Leonardo da Vinci hat es selbst nie geschafft – aber viele, viele Jahre später wurde sein Traum vom Fliegen doch noch Wirklichkeit. Heute gibt es Flugzeuge, Fallschirme, Hubschrauber und vieles mehr. Heute können Menschen tatsächlich fliegen.
Wenn du ein Flugzeug oder Ähnliches siehst, dann denke daran, wie Leonardo vom Fliegen geträumt hat und dass wir unsere Träume niemals aufgeben sollten.

2. Die Erfindung des Heißluftballons

Rund 300 Jahre nach da Vinci kamen die Brüder Montgolfier in Frankreich zur Welt (Joseph 1740 und Jaques Étienne 1745). Sie hatten zusammen einen großen Traum. Auch sie wollten Menschen in den Himmel bringen und ihren Traum vom Fliegen wahr werden lassen. Was sie auf die Idee brachte? Sie beobachteten, wie Kleidung, die über dem Herd trocknete, sich aufblähte und hochflog. Sie rätselten und überlegten, wie das funktionieren könnte.
Zeichnungen wurden angefertigt und wieder verworfen. Schließlich kamen sie auf die Idee, einen großen Ballon zu bauen. Wenn darunter ein Feuer brennen und der Rauch in den Ballon steigen würde, dann müsste der Ballon aufsteigen und durch die Luft treiben.
Sie begannen damit, Material für ihren Ballon zu sammeln. Es brauchte viele Versuche, bis sie endlich zufrieden waren. Sie dachten noch, der Rauch würde den Ballon in die Lüfte heben. Dabei war es die heiße Luft, die für den Auftrieb sorgt. So oder so funktionierte es aber. Und was war das großartig, als sich ihr Ballon schließlich über 1000 m hoch in die Luft erhob. Und wie staunten da die Menschen in ihrem Dorf, als sie das sahen.
Die Nachricht, was die beiden Brüder da Großartiges gebaut hatten, verbreitete sich rasend schnell. Alle sprachen von dieser unglaublichen Erfindung. Alle wollten es sehen. Sogar der König. Sie wurden auf den Hof von Versailles eingeladen, um König Ludwig XVI. und seiner Frau Marie Antoinette den Heißluftballon vorzuführen. Man traute sich aber noch nicht, Menschen in den Heißluftballon zu setzen. Es wurden also ein Schaf, ein Hahn und eine Ente hineingesetzt. Alle drei kamen auch wieder wohlbehalten auf der Erde an.
Ihr Ballon „Montgolfier“ ging damit in die Geschichte ein. Es dauerte von da an auch nicht lange, bis die ersten Menschen mit dem Heißluftballon flogen und die Lüfte eroberten.

3. Der Traum vom Fliegen geht weiter

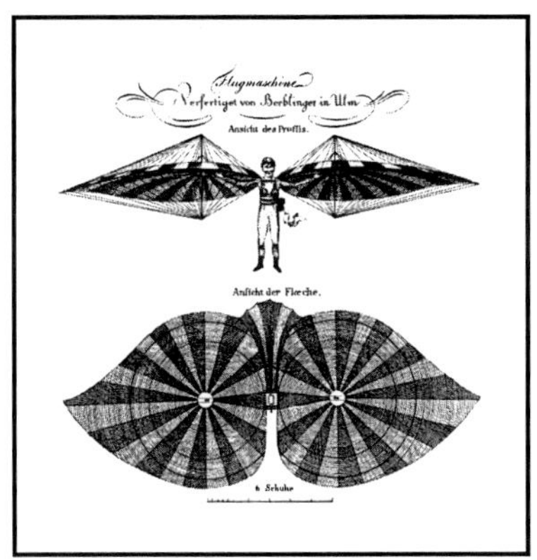

Im Jahr 1770 wurde in Ulm ein Mann namens Albrecht Berblinger geboren. Auch Albrecht träumte den Traum vom Fliegen. Er lernte zwar den Beruf des Schneiders, aber er war viel lieber Erfinder.
Die Menschen im Dorf lachten ihn und seine Ideen vom Fliegen aus. Er musste sogar Strafen zahlen.
Albrecht aber kümmerte sich nicht um die Leute.
Er entwickelte ein Fluggerät, mit dem ein Mensch fliegen sollte, einen Hängegleiter.
Nachdem er einen ersten Entwurf skizziert hatte, ging er ans Werk. In seiner freien Zeit sammelte er Holz, Stoffe und Seile. Er wollte etwas bauen, womit er wie ein Vogel durch die Luft gleiten könnte. Erinnerst du dich an die erste Geschichte? Die von Leonardo da Vinci? Er hatte dieselbe Idee.
Mittlerweile hatten die Menschen schon viel mehr Wissen. Dieses Wissen setzte Albrecht ein, um seinen Hängegleiter zu entwickeln. Im Prinzip baute er riesige Flügel, die er mit seinen Armen wie ein Vogel bewegen musste.
Albrecht startete damit von einem Berg aus. Er nahm Anlauf und sprang hinab. Die Winde ließen ihn durch die Luft gleiten.
Als er seine Erfindung der Öffentlichkeit vorstellen wollte, passierte leider das, was passieren musste.
Albrecht startete nicht von seinem „gewohnten" Berg, sondern von einem Turm an der Donau aus. Die Donau ist ein Fluss. Und so versammelten sich die vielen Zuschauer, sogar der Bruder des Königs und die Prinzen waren dabei. Doch hier über dem Fluss waren die Winde anders. Albrecht stürzte direkt nach dem Absprung in die Tiefe. Fischer standen in ihren Booten bereit und retteten ihn aus dem Wasser. Bei den Menschen war er von nun an als „Spinner" und Lügner abgetan. Sie lachten ihn aus, keiner glaubte daran, dass sein Gleiter tatsächlich fliegen kann. Denn bei seinen Probeflügen am Berg hatte er keine Zuschauer.
Erst viel, viel später fand man heraus, dass sein Hängegleiter wirklich fliegen konnte. Damit er aber durch die Luft gleiten kann, braucht man die richtigen Winde, die es über dem Fluss nicht gibt.
Mittlerweile weiß man, was er für geniale Erfindungen gemacht hat. Seine Ideen sind nämlich noch weiterentwickelt worden.
Habt ihr auch schon einmal einen Hängegleiter gesehen? Heute sieht das so aus:

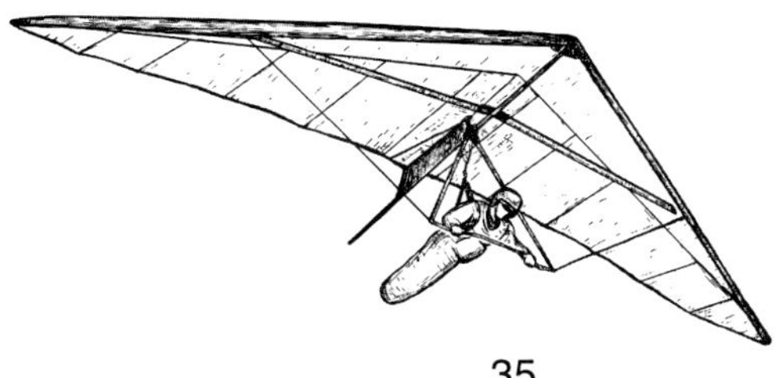

4. Die Flugversuche von Otto Lilienthal

Im Jahr 1845 wurde Otto Lilienthal geboren. Die Entwicklung der Luftfahrt ging jetzt rasend schnell. Das liegt daran, das viele kluge Leute richtig gute Ideen hatten, die jetzt weiterentwickelt wurden.
Auch Otto träumte davon, wie ein Vogel durch die Luft zu fliegen. Schon als Kinder beobachtete er mit seinem Bruder Gustav stundenlang Vögel. Vor allem die Störche hatten es ihnen angetan. Während Otto den Störchen beim Fliegen zusah, stellte er etwas ganz Wichtiges fest: Die Form der Flügel ist nicht gerade, sondern sie haben an der Oberseite eine gewölbte Form. Diese „kleine" Beobachtung hatte weitreichende Folgen.
Er baute mit 14 Jahren seinen ersten Flugapparat. Ähnlich wie bei Albrecht Berblinger baute er zunächst Flügel, die er an seinen Armen befestigen konnte. Erinnert ihr euch?
Otto führte später mit Hilfe von Gustav viele Experimente und Messungen mit dem Auftrieb von Flügeln durch, die heute noch genutzt werden.
Sie erkannten das wichtigste Prinzip beim Bau eines Flugzeuges: die gewölbten Tragflächen.
Als Otto älter wurde, begann er damit, weitere Flugmodelle zu bauen und diese auch auszuprobieren. Auch er wusste, dass er für seine Flugversuche eine entsprechende Höhe brauchte. Er suchte sich Hügel, von denen er hinabrennen konnte. Und weißt du was? Für einen kurzen Moment flog Otto dann wie ein Vogel durch die Luft. Seine Flüge dauerten noch nicht besonders lange, aber immerhin – er flog!
Am Anfang machte er viele Fehler. Je mehr er aber forschte und ausprobierte, desto besser wurden seine Flugapparate. Die Strecken, die er fliegen konnte, wurden immer länger. Bald segelte er bis zu 250 m weit.
Er baute Eindecker und sogenannte Doppeldecker. Lilienthal baute auch einen Gleiter für den Verkauf in Serie, den Normalsegelapparat.
Damit hatte er die erste Flugzeugfabrik der Welt.
Otto Lilienthal wurde zu einer Legende.

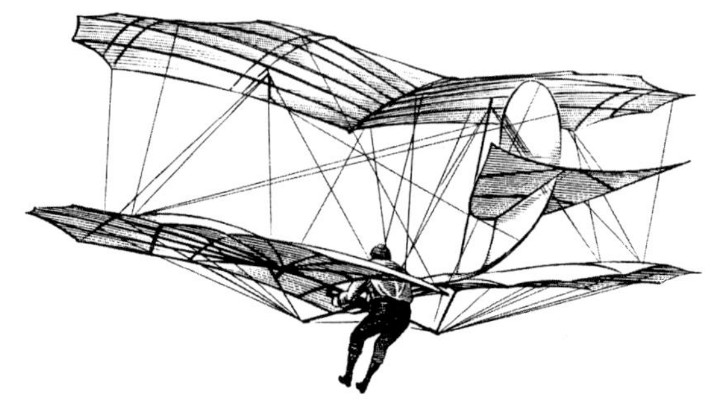

5. Die fliegende Zigarre

Jetzt erzähle ich euch die Geschichte von Ferdinand Graf von Zeppelin.
Habt ihr schon eine Idee, was für ein Fluggerät er entwickelt hat? Richtig, den Zeppelin!
Ferdinand nahm den Heißluftballon zum Vorbild, wollte ihn aber verbessern. Er füllte sein Luftschiff nicht mit heißer Luft, sondern mit einem Gas, das leichter ist als Luft. Deshalb funktioniert der Auftrieb damit sehr gut.
Graf Zeppelin wollte noch ein Problem überwinden, nämlich die Lenkung. Heißluftballons sind nicht lenkbar, und genau das wollte Graf Zeppelin mit seinem Luftschiff anders machen. Er baute ein Luftschiff, das von Propellermotoren angetrieben wurde. Höhen- und Seitenruder sorgten für die entsprechende Steuerung. In der Gondel unten an dem Luftschiff war Platz für Pilot und Passagiere. Das Luftschiff selbst hatte ein Aluminiumskelett für die nötige Stabilität. Gefüllt wurde das Luftschiff mit dem Gas Wasserstoff.
Natürlich brauchte auch er viele Versuche, bis sein Zeppelin endlich flugreif war. Im Jahr 1900 war es dann aber endlich soweit. Sein erstes Luftschiff flog mit ihm los.
Dieses war auch gar nicht lange in der Luft. Aber für die damalige Zeit war seine Erfindung eine Sensation. Und Zeppelin ließ sich nicht entmutigen, er tüftelte und baute weiter. Dafür nahm er auch das Luftschiff von David Schwarz als Vorbild. Schon bald war seine Erfindung in aller Munde.
Er wurde so bekannt, dass fortan alle Luftschiffe auch Zeppeline genannt werden.
Nach seinem Tod wurde die „Hindenburg“ gebaut, es war der größte Zeppelin bis dahin. Er flog sogar über den Atlantik! Leider gab es ein großes Unglück. Das Gas im Zeppelin entzündete sich bei der Landung. Es gab eine riesige Explosion. Man vermutet, dass es an einem Gewitter lag, wodurch sich das Gas entzündet hatte.
Leider war das Unglück mit der Hindenburg dann auch das Ende der großen Ära der Zeppeline. Diese gibt es zwar auch heute noch (sie wurden sicherer gemacht), sie konnten sich aber in der Luftfahrt nicht durchsetzen.

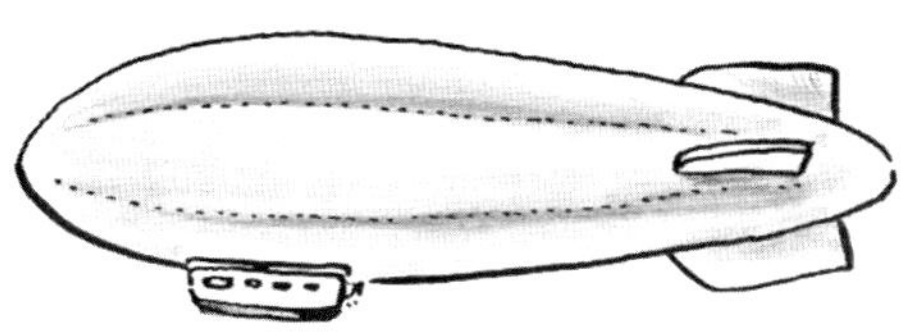

6. Das erste Motorflugzeug hebt ab

Im Jahr 1867 und 1871 kamen die Brüder Wilbur und Orville Wright auf die Welt. Auch diese beiden waren schon als Kinder fasziniert von der Welt des Fliegens.
Als sie älter wurden, beschäftigten sie sich mit den Flugversuchen anderer Menschen. Vor allem Otto Lilienthals Entdeckungen und Flugversuche begeisterten sie.
Die Wright Brüder waren davon überzeugt, dass seine Ideen großartig waren. Sie waren noch Kinder, als Otto mit seinen Gleitern die ersten Flugversuche unternahm.
Wilbur und Orville studierten Bücher und Berichte über Otto Lilienthals Gleiter. Als sie älter waren, begannen sie selbst Flugapparate nachzubauen. Sie waren sich sicher: Otto Lilienthals Gleiter funktionieren, sie waren nur nicht stabil genug und nicht steuerbar. Dieses Problem wollten sie beheben. Sie bauten einen lenkbaren Doppeldeckerdrachen. Erinnert ihr euch? Otto Lilienthal baute auch schon Doppeldeckerdrachen.
Die beiden tüftelten aber noch weiter. Zu der Zeit gab es nämlich noch keine Motoren für Flugzeuge. So ließen sie sich speziell einen Motor von einer Fahrradfabrik bauen. Sie nannten ihr erstes motorisiertes Flugzeug die „Flyer 1“. Das war 1903. Ihre große Errungenschaft war, dass sie ihr Flugzeug über mehrere Ruder richtig steuern konnten.
Ihre Ideen dazu finden noch heute bei unseren Flugzeugen Anwendung. Damit ging es dann mit der Fliegerei so richtig los. Die Brüder ruhten sich nicht auf der Erfindung ihres ersten Flugzeuges aus. Sie überlegten, wie sie es verbessern könnten, wie es länger in der Luft bleiben konnte und wie es noch weitere Strecken fliegen konnte.
Es sollte noch ein paar Jahre dauern, bis das Flugzeug so gut war, dass es problemlos längere Zeit in der Luft war. Doch die Flugzeuge und Motoren wurden immer besser. Andere entwickelten die Flugzeuge der Wright Brüder weiter und verbesserten sie stetig.
Und heute? Heute ist Fliegen für viele ganz normal und die verschiedensten Flieger werden gebaut: Passagierflugzeuge, Frachtflugzeuge, Ultraleichtflugzeuge, Hubschrauber …
Alles dank dem unermüdlichen Forschen und dem Mut vieler Menschen vor uns, die den Traum vom Fliegen Wirklichkeit haben werden lassen.

Einladung für das Fliegerfest (ab 3 Jahren)

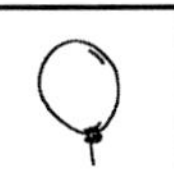

Material:
Kopiervorlage „Einladung“ (s. u.), Scheren, Pappe in unterschiedlichen Farben, Kleber, Buntstifte, ggf. andere Dekomaterialien wie Mosaik-Steine

Arbeitsanleitung:
Die Vorlage wird für jedes Kind kopiert, ausgeschnitten und auf Pappe aufgeklebt. Die Farbe dürfen die Kinder dabei selbst wählen. Anschließend wird die Einladung ausgeschnitten. Ergänzen Sie darauf Datum und Uhrzeit. Die Rückseite kann von den Kindern frei gestaltet werden. Sie können zum Beispiel das Cockpit einzeichnen und Fenster und Türen aufmalen. Vielleicht möchten Sie die Fenster mit Mosaik-Steinen aufkleben?

Kopiervorlage „Einladung“

EINLADUNG
zum Fliegerfest

am ______________

von ______ bis ______ Uhr

Wir freuen uns auf
die gemeinsame Reise!

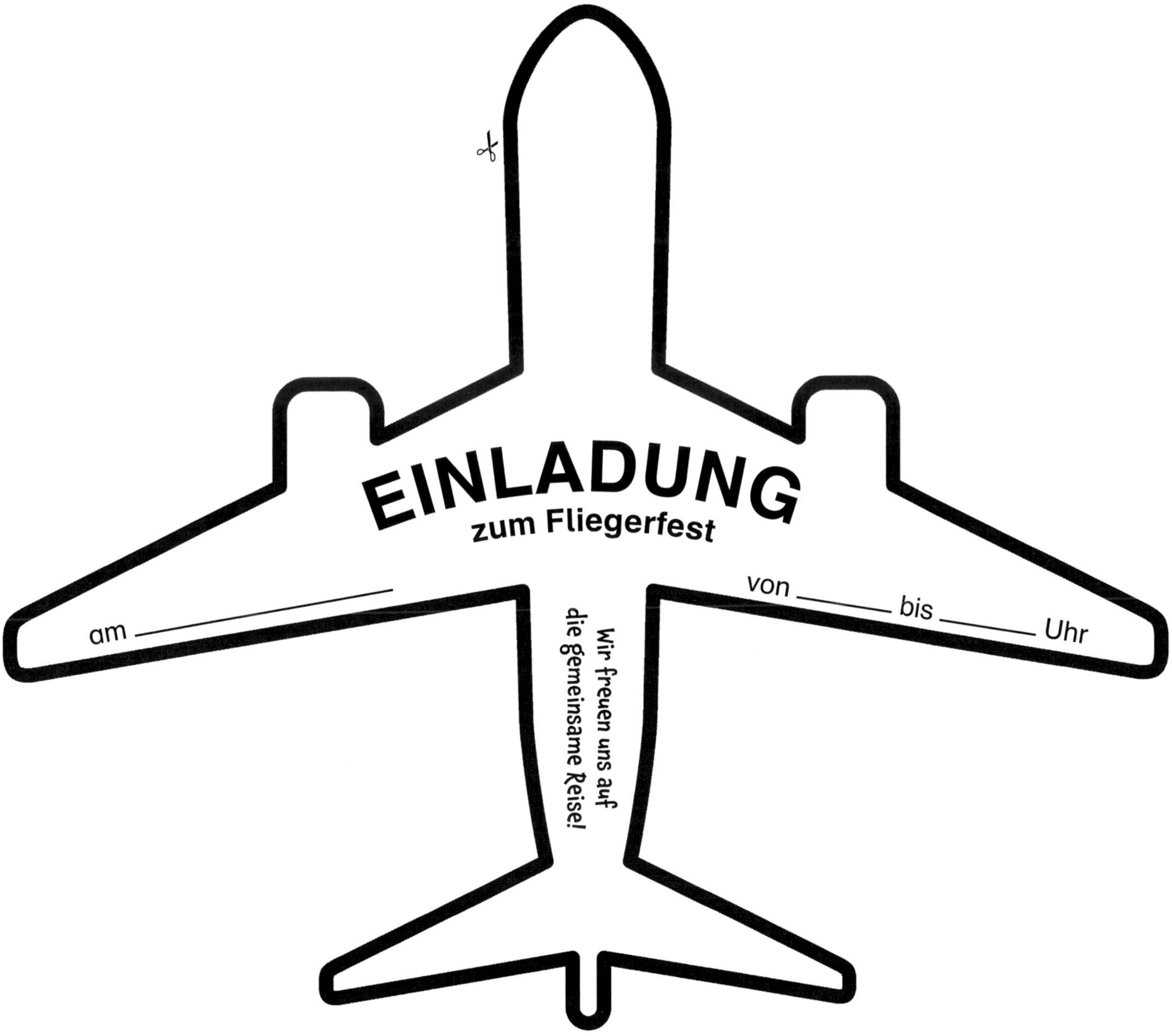

Schattenflieger (ab 4 Jahren)

Finde zu jedem Flugfahrzeug den passenden Schatten.
Verbinde.
Male die Flieger mit Buntstiften an.
Weißt du auch, wie die einzelnen Flieger heißen?

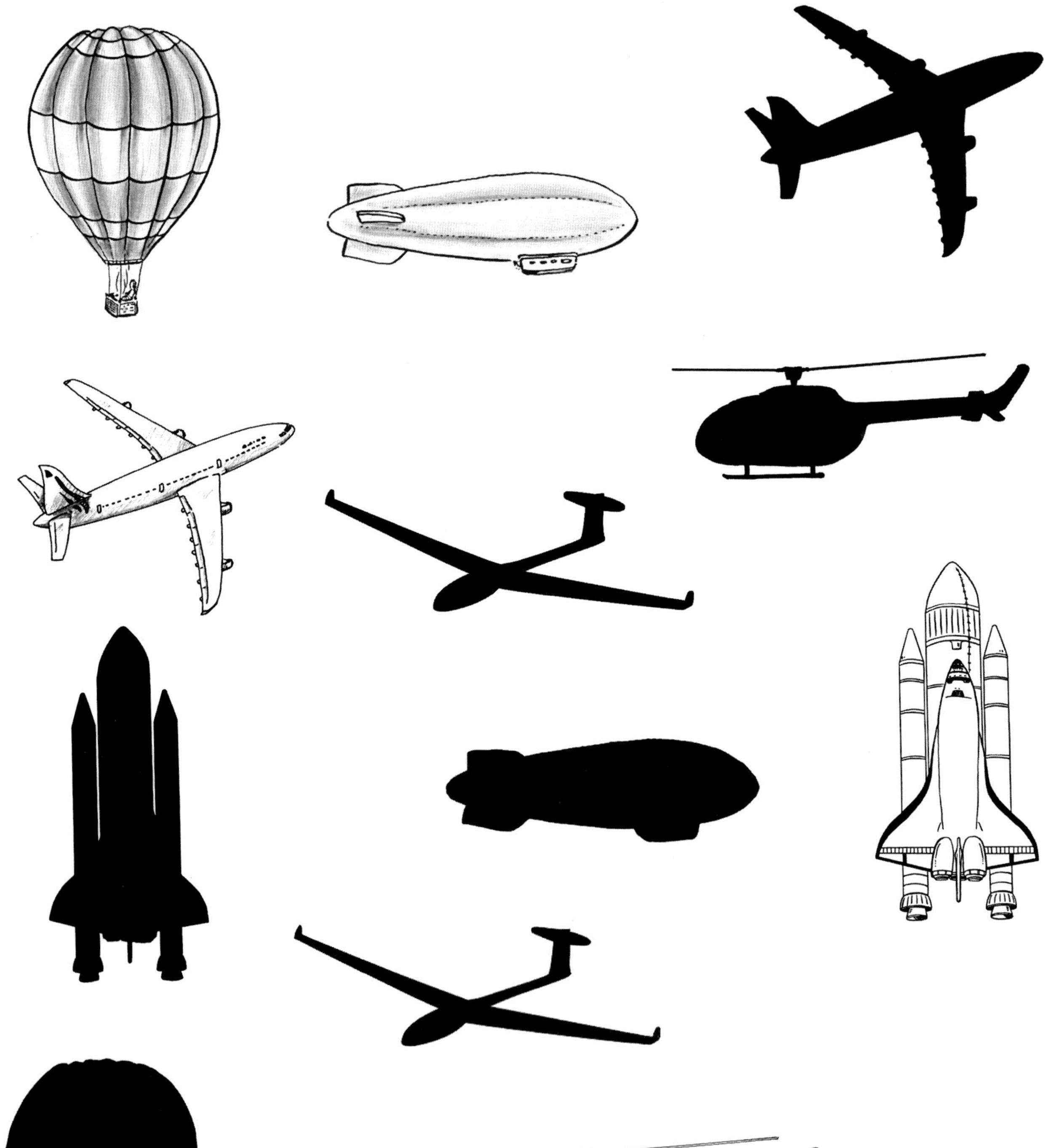

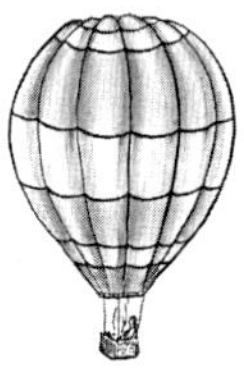

Schwungübung „Die Luftfahrt“ (ab 4 Jahren)

Zeichne die Flugbahnen der Flugzeuge nach.

Zeichne sie bis zum Ende weiter!

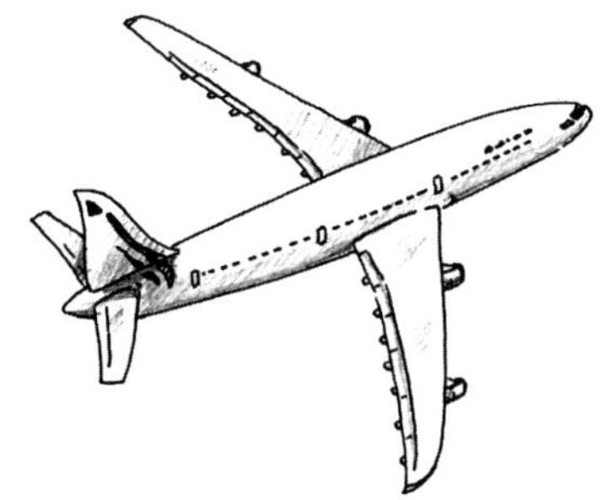

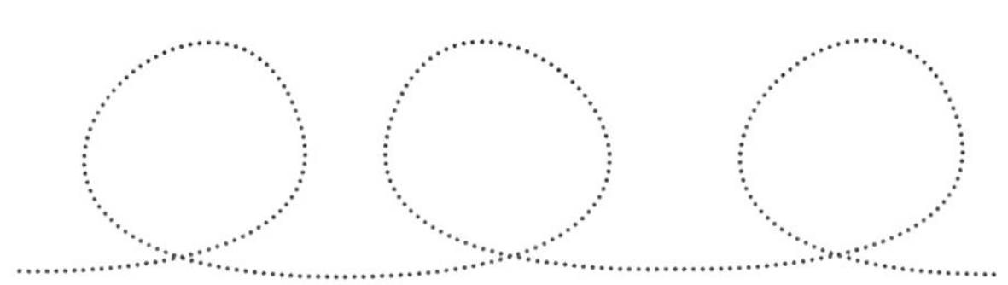

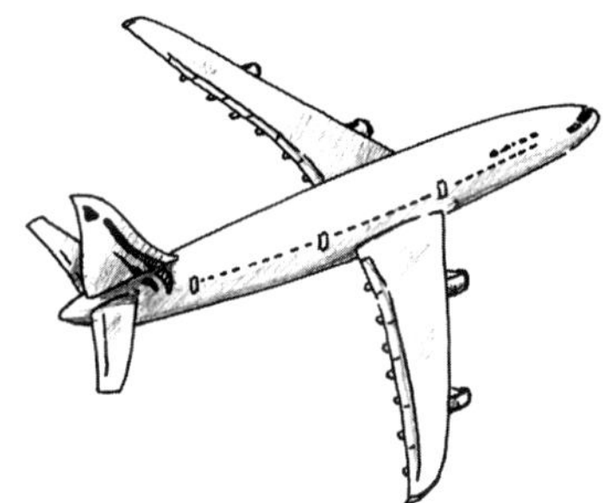

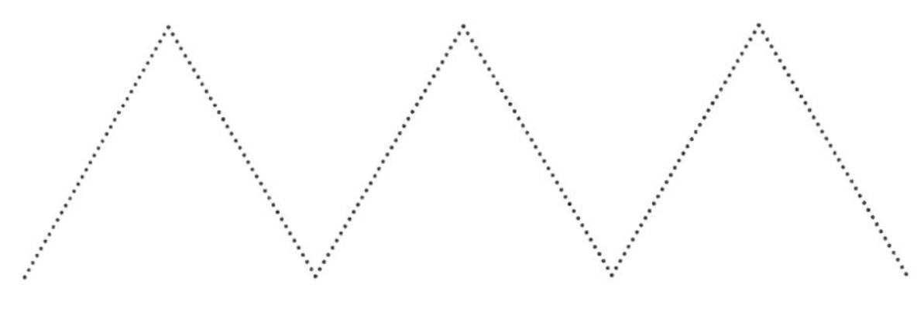

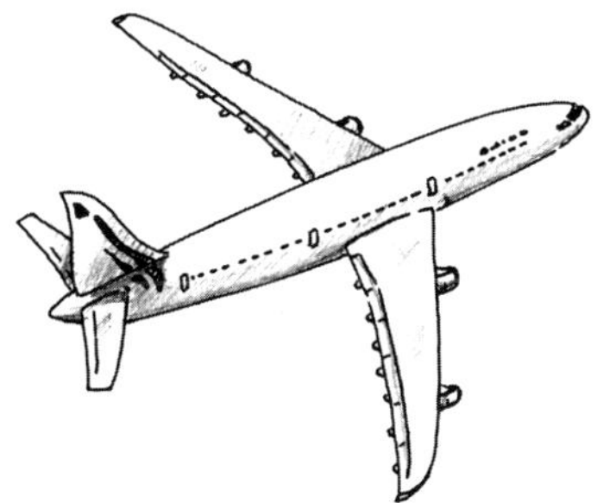

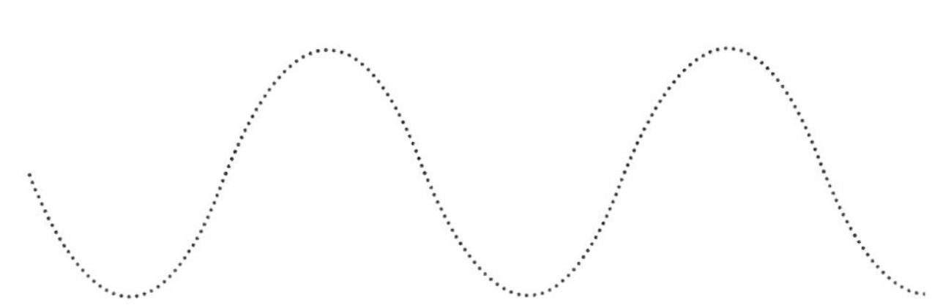

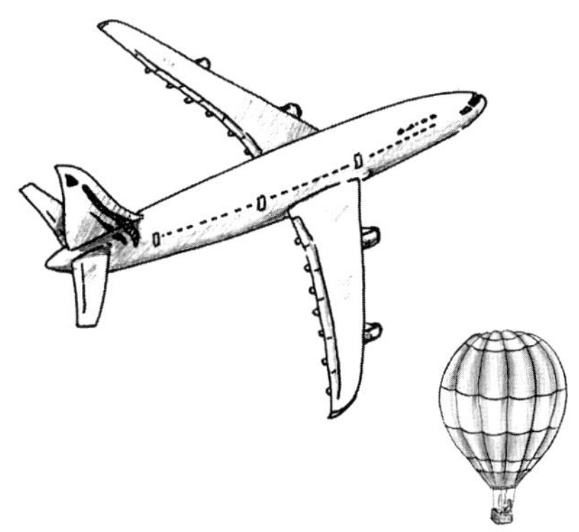

Der fantastische Flug (ab 4 Jahren)

Material:
1 großes Malblatt (z. B. Tapetenrollenstücke) pro Kind, Wachsmalstifte

Spielmöglichkeit:
Jedes Kind erhält ein großes Malblatt und breitet es vor sich auf dem Boden aus. Die Kinder setzen sich davor oder legen sich auf den Bauch und nehmen sich einen Wachsmalstift dazu. Dieser stellt das Flugzeug dar.
Erzählen Sie die Geschichte und die Kinder lassen das Flugzeug (den Stift) entsprechend der Geschichte über das Papier fliegen. Nehmen Sie sich ebenfalls Blatt und Stift, um während der Erzählung den Flug nachzumalen. So können die Kinder sich die passenden Bewegungen abschauen.

Unser Flugzeug steht auf dem Flughafen „Fantastica West" und wartet auf die Startfreigabe des Marshallers *(den Stift auf dem Blatt aufstellen).*

Der Pilot und die Passagiere warten schon ungeduldig *(den Stift am Platz vor Aufregung leicht zittern lassen).*

Endlich ist es soweit! Der Marshaller gibt das Zeichen zum Start und die Maschine rollt an. Erst langsam, dann immer schneller *(den Stift in einer geraden Linie führen, erst langsam, dann schneller)*, bis es endlich schnell genug ist, um in den Himmel emporzusteigen *(den Stift aufwärts bewegen).*

Vor Freude über den gelungenen Start dreht der Pilot eine große Rechtskurve *(einen großen Kreis rechtsherum malen).* Danach natürlich noch eine Linkskurve *(einen großen Kreis linksherum malen).*

Auf und nieder geht es über die Wolken hinweg und unter den Wolken hindurch *(den Stift auf- und ab bewegen).* Und weil es so schön ist, kommen jetzt die Loopings: 1, 2, 3, 4, 5, 6, 7, 8, 9 und 10 *(10 Kreise mit dem Stift beschreiben).*

Nun wird es leider schon wieder Zeit für die Landung. Das Flugzeug setzt zum Sinkflug an *(den Stift schräg nach unten ziehen).* Es beschreibt noch einmal einen letzten Bogen *(einen Kreis malen)* und setzt dann behutsam auf der Landebahn auf *(mit dem Stift eine gerade Linie malen).*

Kurz vor dem Ende der Landebahn bleibt das Flugzeug schließlich stehen *(den Stift auf dem Papier ruhen lassen).* Die Passagiere klatschen vor Begeisterung über den tollen Flug *(den Stift hinlegen und klatschen).*

Ein Flug nach Fantasien (1) (ab 4 Jahren)

Material:
ein selbstgebautes Flugzeug (s. S. 18), 1 Matte oder Decke pro Kind, CD-Player o. Ä., Entspannungsmusik, ggf. Papier und Stifte

Vorbereitung:
Das Flugzeug wird in die Mitte gelegt. Die Matten oder Decken werden kreisförmig um das Flugzeug herum ausgelegt. Der CD-Player wird an die Seite gestellt, sodass Sie gut darankommen.

Spielanleitung:
Die Kinder setzen oder legen sich auf eine Matte oder Decke. Lesen Sie die Geschichte vor, während im Hintergrund leise Entspannungsmusik läuft. Bei den drei Punkten (…) in der Erzählung wird jeweils eine kleine Erzählpause eingelegt.

Setzt oder legt euch gemütlich hin … Schaut einmal, was in der Mitte liegt. Was ist das? *(Die Kinder erzählen lassen.)* Wer von euch ist schon einmal mit einem Flugzeug geflogen? *(Die Kinder erzählen lassen.)*

Heute machen wir uns auch auf eine Reise mit einem Flugzeug. Aber auf eine ganz besondere Reise. Diese Reise findet nämlich in unserem Kopf, also in unserer Fantasie statt … Ihr dürft euch jetzt gemütlich hinsetzen oder hinlegen … Wer mag, darf dabei die Augen schließen …

Stell dir vor, du bist auf einem Flughafen. Aber nicht so ein großer, wie du ihn vielleicht kennst, wenn du in den Urlaub fliegst. Dieser Flughafen ist ganz klein … Du nimmst nur die Menschen mit, die du auf deinem Flug dabeihaben möchtest … Wer weiß, vielleicht fliegst du auch für dich …

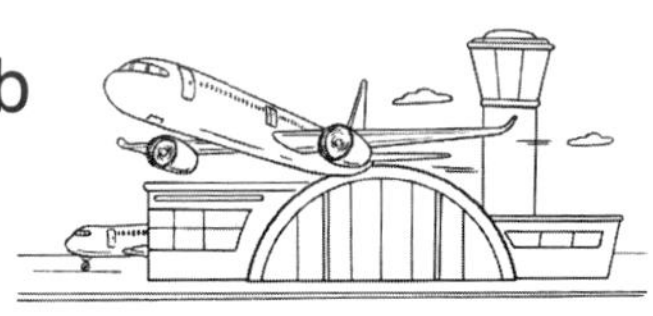

Dein Flugzeug steht schon bereit auf der Startbahn … Du steigst hinein und setzt dich auf den Pilotensitz … Ja, du hast richtig gehört, heute bist du der Pilot auf deiner ganz besonderen Reise … Du kontrollierst das Cockpit und schnallst dich an. Alle Instrumente funktionieren wunderbar …

Jetzt machst du alles startklar. Du lässt dein Flugzeug langsam anrollen … wirst immer schneller … und lässt es schließlich abheben. Immer höher und höher steigt dein Flugzeug … bis es hoch über den Wolken ist. Du bewunderst die Aussicht von hier oben … Du siehst die Wolken unter dir vorbeiziehen, als wären sie weiße Zuckerwatte … Die Sonne scheint und ihre Strahlen bringen die Wolken zum Glitzern …

Ein Flug nach Fantasien (2) (ab 4 Jahren)

Du nimmst Kurs auf den schönsten Ort, den du dir vorstellen kannst, auf Fantasien … Du freust dich schon darauf, endlich dort anzukommen. Denn in Fantasien ist alles ganz genauso, wie du es gerne magst …

Da kommt es auch schon in Sicht … Du lässt dein Flugzeug langsam sinken und näherst dich der Landebahn … Die Landung ist ganz sanft, ohne zu ruckeln … Froh, endlich angekommen zu sein, steigst du aus deinem Flugzeug … Du siehst dich um und läufst ein Stückchen vom Flugzeug weg … Du setzt dich hin.
Was ist um dich herum? ... Sitzt du auf einer Wiese, auf dem Rollfeld oder vielleicht auch im Sand? … Wie ist die Farbe des Himmels? ... Kannst du Tiere beobachten, wenn du dich umsiehst? … Ist es warm oder eher kalt in deinem Fantasien? … Gibt es andere Menschen hier oder bist du für dich? …

Stelle dir das vor, was dir jetzt gerade gut tut … Verweile hier noch etwas … Nehme dieses Gefühl mit … So langsam machst du dich wieder auf den Weg zurück … Du gehst zum Flugzeug … steigst ein … und machst die Maschine startklar …
Du hebst mit deinem Flugzeug ab … Bald bist du wieder über den Wolken … Wie schön es hier aussieht …

Schon kommt der Flugplatz in Sicht … Du gehst in den Sinkflug … und landest sicher wieder auf dem Flugplatz …

Kehre mit deinen Gedanken nun langsam wieder in den Kindergarten zurück … Recke und strecke dich … Wenn du soweit bist, öffne langsam deine Augen … Wenn du gelegen hast, setze dich langsam wieder hin …

Weiterführende Idee:
Jedes Kind bekommt ein Blatt Papier und Malstifte. Die Entspannungsmusik läuft weiter. Alle Kinder dürfen ihr Fantasien aufmalen. Die Bilder können im Gruppenraum aufgehängt werden.
Am nächsten Tag bieten sich die Bilder als Gesprächsanlass an, um mit den Kindern darüber zu reden, wie sie sich ihr Fantasien vorstellen. Was ist dem Kind wichtig? Welche Bilder verknüpft es mit seinem Traumland?

BVK • Jenny Hütter: Kita aktiv „Projektmappe Flughafen und Flugzeuge“

Bruchlandungen (ab 3 Jahren)

Material:
CD-Player o. Ä., Bewegungsmusik, 1 Gymnastikreifen pro Kind

Spielanleitung:
Verteilen Sie die Gymnastikreifen im Turnraum. Die Bewegungsmusik wird angestellt. Alle Kinder „fliegen" als Flugzeuge durch den Raum, ohne die Reifen zu berühren. Bei Musikstopp geben Sie den Kindern Vorgaben, wie sie (vorsichtig) in einem beliebigen Reifen landen sollen, zum Beispiel …

- auf den Füßen
- auf dem Bauch
- auf den Knien
- auf dem Rücken
- auf den Fersen
- auf dem Po
- …

Um das Spiel spannender zu gestalten, kann nach jeder Runde ein Reifen weggenommen werden. Die Kinder versuchen dann bei Musikstopp schnell einen Reifen zu finden. Das Kind, das keinen Landeplatz mehr findet, scheidet aus. Auch die Kinder, die auf dem falschen Körperteil landen, können ausscheiden.

Bewegungsspiel „Am Flughafen" (ab 2 Jahren)

Material:
1 Langbank, 1 Stuhl pro Kind (alternativ Sitzkissen), Bewegungsgeschichte „Am Flughafen" (s. S. 46)

Vorbereitung:
Die Langbank wird als Gepäckband hingestellt. Etwas abseits von der Langbank werden die Stühle paarweise hintereinander aufgestellt. Sie dienen als Sitzreihen im Flieger. Vor den Reihen wird noch ein einzelner Stuhl als Pilotensitz gesetzt. Stellen Sie sich zunächst auf den Weg von der Langbank zu den Stühlen hin.

Spielanleitung:
Lesen Sie die Geschichte vor. Gemeinsam werden die Bewegungen dazu ausgeführt. Zum Abschluss der Bewegungseinheit kann noch das Lied „Ich flieg mit meinem Flugzeug" (s. S. 12) gesungen werden.

Bewegungsgeschichte „Am Flughafen“

Geschichte	**Bewegung**
Heute machen wir eine große Flugreise. Wir gehen zum Flughafen. Dabei ziehen wir den großen, schweren Koffer hinter uns her.	*Die Kinder gehen zur Langbank, dabei greifen sie nach hinten und deuten das Ziehen des Koffers an.*
Der Koffer kommt auf das Gepäckband, dort wird er weitertransportiert.	*Die Kinder deuten nacheinander das Hochheben des Koffers auf die Bank an, legen sich selbst mit dem Bauch darauf und ziehen sich nacheinander mit den Armen die Langbank entlang.*
Die Koffer werden im Flugzeugrumpf verstaut. Dort ist es ganz schön eng.	*Alle Kinder machen sich am Ende der Langbank klein wie ein Päckchen.*
Während die Koffer transportiert werden, gehen die Passagiere durch den Zoll.	*Die Kinder gehen zu Ihnen und lassen sich nach gefährlichen Gegenständen abklopfen.*
Wenn alle durch den Zoll gekommen sind, geht es zum Flugzeug. Wir steigen die Treppen in den Flieger hoch.	*Die Kinder machen das Treppensteigen nach.*
Die Flugbegleiterin / Der Flugbegleiter zeigt euch eure Plätze.	*Weisen Sie jedem Kind einen Platz zu und setzten Sie sich dann vorne auf den ersten Stuhl.*
Wir schnallen uns an.	*Die Kinder deuten das Anschnallen an.*
Nun geht es endlich los. Das Flugzeug startet, wird immer schneller und steigt schließlich steil nach oben.	*Die Kinder werden „in die Sitze gepresst“ und lehnen sich nach hinten.*
Über den Wolken angekommen wird das Flugzeug wieder gerade.	*Die Kinder setzen sich wieder „normal“ hin.*
Jetzt kommt eine lange Rechtskurve.	*Die Kinder lehnen sich nach rechts.*
Gleich darauf kommt eine Linkskurve.	*Die Kinder lehnen sich nach links.*
Das Wetter wird schlechter. Die Turbulenzen lassen den Flug ganz schön holprig werden.	*Die Kinder wackeln auf ihren Stühlen.*
Zum Glück lassen die Turbulenzen schnell nach. Jetzt können wir durch das Fenster die Wolken von oben betrachten.	*Die Kinder legen eine Hand über die Augen und schauen aus dem „Fenster“.*
Da ist auch schon unser Flughafen zu sehen. Es geht in den Sinkflug. Vorsichtig setzt das Flugzeug auf der Landebahn auf.	*Die Kinder lehnen sich nach vorne.*
Die Maschine rollt aus und bleibt schließlich stehen.	*Die Kinder setzen sich wieder aufrecht hin.*
Wir schnallen uns ab und applaudieren der Pilotin / dem Piloten für den gelungenen Flug.	*Die Kinder deuten das Abschnallen an und applaudieren.*
Wir stehen auf und gehen aus dem Flugzeug. Das war ein gelungener Flug!	*Die Kinder stehen auf und deuten das Treppenlaufen aus dem Flugzeug an.*

Alles, was fliegt – eine Collage (ab 3 Jahren)

Material:
1 großer Bogen Tonkarton, 1 Stift, Kataloge, Prospekte und Fotos, Scheren, ggf. Computer/Laptop und Drucker

Vorbereitung:
Schreiben Sie auf den großen Bogen Tonkarton die Überschrift „Alles, was fliegt". Sammeln Sie Kataloge, Prospekte und Fotos, aus denen Bilder von Dingen ausgeschnitten werden können, die flugfähig sind.
Die Kinder können solche auch von zu Hause mitbringen. Hier wäre es schön, wenn die Eltern vorab über das Projekt informiert werden und die Kinder mit Fotos/Bildern unterstützen. Natürlich können auch Bilder aus dem Internet herausgesucht werden, die dann ausgedruckt werden.

Arbeitsanleitung:
Im Kreis wird mit den Kindern das Thema Fliegen thematisiert. Die Kinder sammeln Ideen, was alles fliegen kann. Das können sowohl Tiere (Schmetterling, Vogel etc.) als auch Gegenstände wie Flugzeuge, Lenkdrachen o. Ä. sein.
Die Kinder sollen Bilder dieser Tiere und Dinge im Laufe des Projektes sammeln. Die Bilder werden von den Kindern auf das Plakat geklebt. Immer im Kreis kann das entsprechende Kind vorstellen, was es sich für ein Bild ausgesucht hat und den anderen erzählen, was es darüber weiß. Natürlich dürfen die anderen Kinder ergänzen, wenn sie noch etwas anderes darüber wissen.
So entsteht im Laufe des Projektes eine schöne Collage, mit deren Hilfe man immer wieder mit den Kindern ins Gespräch über das Fliegen kommen kann.

Fluglotsen-Spiel (ab 4 Jahren)

Material:
mind. 1 großer Karton, 1 Schere, Flugzeuge (s. S. 18), 1 Papprolle, Kleber, 1 runder Joghurtbecher, Pappe, Fingerfarben und Pinsel, LED-Leuchtstreifen (o. Ä. wie Lichterketten), ggf. Kreppklebeband

Vorbereitung:
1. Schneiden Sie aus dem großen Karton so viele Tore heraus, wie es Flugzeuge gibt. Die Flugzeuge müssen durch das Tor hindurchpassen. Dies ist der Hangar. Alternativ können Sie mehrere Kartons nehmen und jeweils ein Tor herausschneiden.
2. Kleben Sie den Joghurtbecher kopfüber mit dem Rand auf die Pappe und schneiden Sie ihn rundherum aus. Lassen Sie dabei einen kleinen Papprand überstehen.
3. Kleben Sie den Joghurtbecher mit dem Boden auf ein Ende der Papprolle. Dies ist der Tower.
4. Wenn die Kinder mögen, können Sie den Hangar und den Tower noch anmalen. Die Tore des Hangars bzw. die einzelnen Hangars werden nummeriert.
5. Legen Sie am besten im Flur, wo Sie in der Länge viel Platz haben, mit den Leuchtstreifen eine Landebahn aus.
6. Stellen Sie den Hangar und den Tower an den Anfang der Bahn. Damit der Tower stabiler steht, kann er mit Kreppklebeband am Boden festgeklebt werden. Mit dem Kreppklebeband können Sie außerdem noch Pfeile auf den Boden kleben, die die Spur von der Landbahn zum Hangar weisen.

Spielanleitung:
Ein Kind ist Fluglotse und stell sich zu dem Tower. Die anderen Kinder sind die Piloten und nehmen ihre Flugzeuge in die Hand. Die Piloten fliegen durch den Raum bzw. den Flur. Das Fluglotsenkind muss nun dafür sorgen, dass alle Flugzeuge sicher landen. Dafür ruft es immer einen Flieger mit Namen auf und weist ihn auf die Landbahn ein. Das Kind spielt mit dem Flieger die Landung nach. Dann gibt das Fluglotsenkind vor, in welches Tor bzw. welchen Hangar der Flieger hineinfahren soll und lotst ihn ggf. dorthin. Steht der Flieger sicher im Hangar, kann der nächste landen. Das Lotsenkind muss sich merken, hinter welchen Toren schon Flieger stehen, damit sie nicht im Hangar aneinanderstoßen. Dabei dürfen die gelandeten Piloten auch helfen. Sind alle Flieger gelandet, ist es geschafft und ein neues Kind kann zum Fluglotsen werden.

Um das Spiel (sprachlich) anspruchsvoller zu gestalten, darf der Fluglotse keine Namen nennen, sondern muss eine Umschreibung finden wie „Der Pilot / die Pilotin mit den roten Socken darf jetzt landen." oder „Der blaue Flieger darf jetzt landen."

Tipp:
Wenn der Raum bzw. der Flur etwas abgedunkelt wird, haben die Leuchtstreifen der Landbahn noch einen tolleren Effekt.